LIMO, SPRITZ & BRAUSE

Hildegard Möller

LIMO, SPRITZ & BRAUSE

Prickelnde Getränke zum Selbermachen

Jan Thorbecke Verlag

VERLAGSGRUPPE PATMOS

PATMOS
ESCHBACH
GRÜNEWALD
THORBECKE
SCHWABEN

Die Verlagsgruppe
mit Sinn für das Leben

Für die Schwabenverlag AG ist Nachhaltigkeit ein wichtiger Maßstab ihres Handelns. Wir achten daher auf den Einsatz umweltschonender Ressourcen und Materialien.

www.thorbecke.de

Gestaltung: Finken & Bumiller, Stuttgart, Chandima Soysa
Druck: Neue Süddeutsche Verlagsdruckerei, Ulm
Hergestellt in Deutschland
ISBN 978-3-7995-1025-7 (Print)
ISBN 978-3-7995-1049-3 (eBook)

INHALT

Selbst gemacht schmeckt's am besten

Im Sommer muss Erfrischung her: Üblicherweise helfen da der Supermarkt oder der Getränkehandel mit ihren Standardprodukten. Oder aber Sie versuchen es mit selbst gemachten Limonaden, Brausen und Spritzgetränken! In meinem Buch zeige ich Ihnen, wie Sie Erfrischungsgetränke ganz leicht selbst herstellen können: vitaminreich, frei von künstlichen Aromen und Konservierungsstoffen. Anders als bei industriell hergestellten Limonaden können Sie die Zuckermenge hierbei selbst bestimmen. Die hausgemachten Getränke lassen sich in vielen Geschmackrichtungen zaubern, für die unsere Natur wertvolle Rohstoffe bereithält. Das Angebot beschränkt sich dabei nicht nur auf Apfel, Pflaume und Holunder. Flieder, Rose und Lavendel bringen ungeahnte Überraschungsmomente, denn die duftenden Blüten liefern hierfür nicht nur reichlich Geschmack, sondern auch jede Menge Farbe – das Auge trinkt schließlich mit. Die außergewöhnlichen Aromakombinationen sorgen bei Ihren Gästen garantiert für Überraschung. Lassen Sie sich von den Rezepten inspirieren, neue Drinks mit Blüten, Kräutern und Früchten aus Ihrer direkten Umgebung – aus Natur und Garten oder vom Markt – auszuprobieren, sei es für Limonaden, Fassbrausen, gespritzten Sekt oder für natürlich aromatisiertes Brausepulver.
Ich wünsche Ihnen viel Spaß beim Ausprobieren und einen prickelnden Sommer mit köstlichen Kreationen für Limos, Brause & Spritz!

Ihre

Hildegard Möller

Die Basics

AROMAZAUBER AUS DER NATUR

Natursirupe eignen sich hervorragend als Basis für Limonaden, Brausen und Spritzgetränke. Sie werden aus duftenden Blüten, aromatischen Kräutern oder reifen Früchten und Beeren hergestellt und versprechen einzigartigen Genuss. In unserer unmittelbaren Umgebung wachsen viele Wild- und Gartenpflanzen mit intensiven Geruchs- und Geschmacksstoffen, aus denen sich wunderbare Getränke zaubern lassen. Ob mit floralen Frühlingsaromen aus japanischen Kirschblüten oder Klassiker mit Holunder oder Apfel: Die Palette an Geschmacksrichtungen ist riesengroß und spiegelt die geschmackliche Vielfalt der Natur wider. Für die selbst gemachten Sirupe werden unbehandelte und naturbelassene Produkte verarbeitet und keine Farb- oder Konservierungsstoffe verwendet. Für die Haltbarmachung kommen in den Rezepten fast ausschließlich Rohrohrzucker und Zitronensaft zum Einsatz. Die Zubereitung ist einfach, schont den Geldbeutel und erspart das lästige Schleppen von Getränkekästen. In hübsche Flaschen abgefüllt, lassen sich die farbenfrohen Sirupe auch sehr gut verschenken.

Limonade: Natürlich selbst gemacht – natürlich erfrischend

Je nach Bedarf können Limonaden aus haltbar gemachtem Sirup oder frisch aus Beeren, Früchten und Kräutern hergestellt werden. Sowohl die Sirupe aus dem Vorrat als auch die frisch gemachten Saft-Limonaden werden mit eiskaltem kohlensäurehaltigem Mineralwasser gemischt und garantieren Erfrischung pur. Ob mit Wildkräutern, Rhabarber oder mit Gurke und Matcha: Kreieren Sie Ihre eigenen Drinks für laue Sommerabende – der natürliche Geschmack und die außergewöhnlichen Kombinationen der hausgemachten Limos sind garantiert ein Highlight auf jeder Gartenparty.

Fassbrause: Durstlöscher mit extra viel Geschmack

Perfekt fürs Sommerfest oder für den Fußballabend: Fassbrausen sind ideale Erfrischungsgetränke und im Handumdrehen gemacht. Sie werden mit selbst gemachten Frucht- und Kräutersirupen sowie alkoholfreiem Bier zubereitet und können in vielen Varianten gemixt werden. Die aromatischen Sirupe aus dem Vorrat sind hierfür jederzeit griffbereit und eine willkommene Abwechslung zu den handelsüblichen Fassbrausen: Probieren Sie doch mal frisch gemachte Fassbrause mit Cranberry-Orangen-Geschmack oder mit Ingwer und Zitronengras.

Brausepulver: Refresher aus der Tüte

Prickelnde Brause mit Himbeer- oder Waldmeistergeschmack kennt wohl jeder aus Kindheitstagen. Ganz einfach lässt sich Brause aber auch in verschiedensten Geschmacksrichtungen selbst herstellen: Die Schale von unbehandelten Zitronen, Limetten, Orangen, Mandarinen und Grapefruits abreiben, im Ofen trocknen und anschließend zusammen mit hellem Rohrohrzucker im Mörser zerreiben. Mit Bio-Zitronensäure und Natronpulver gemischt, ergibt sich so ein sprudelndes Erfrischungsgetränk, das man mit verschiedenen Begleitern aromatisieren kann: Zum Beispiel mit Minze, Ingwer oder Rosmarin. Die Kräuter einfach im Ofen zusammen mit den Zitrusschalen trocknen, mit den Schalen in den Mörser geben und zerreiben. Die außergewöhnlich duftenden Brausen lassen sich in kleine verschließbare Reagenzgläschen füllen und sind ideal zum Verschenken.

Spritz: Prickelnder Genuss mit besten Zutaten aus der Natur

Ein Traum von Sommer im Glas: Selbst gemachte aromatische Sirupe aus Beeren, Früchten, Blüten und Kräutern sind eine hervorragende Basis für die Herstellung von Spritzgetränken. Die Sirupe können auf Vorrat produziert und bei Bedarf mit Prosecco oder Sekt, einem Spritzer Mineralwasser und Eiswürfeln zubereitet werden. Toll in den aromatischen Sommerdrinks schmecken frische Kräuter wie Minze, Zitronenmelisse oder Basilikum. Eyecatcher der besonderen Art sind Blüteneiswürfel aus Ringelblumen- oder Kapuzinerkresseblüten oder Frucht-Eiswürfel, zum Beispiel aus Himbeer- oder Blaubeerpüree. Überraschen Sie Ihre Gäste mit kreativen Spritzgetränken – Aperol Spritz und Hugo waren gestern!

WAS IST EIGENTLICH SIRUP?

Unter Sirup versteht man eine sehr süße, aromatische und oft farbintensive Flüssigkeit. Hierfür werden Zucker und Wasser erhitzt und je nach Geschmack Früchte, Beeren, Blüten oder Kräuter hinzugefügt. Das filtrierte heiße Konzentrat wird in Flaschen gefüllt und als Getränk verdünnt konsumiert. Durch den Zuckergehalt und unter Luftabschluss ist Sirup auch ohne Kühlung lange haltbar. Wer Sirup selbst herstellt, hat die Möglichkeit, seinen persönlichen Lieblingsgeschmack selbst zu bestimmen. Ob süß, sauer, mild oder herb: Der Fantasie sind keine Grenzen gesetzt.

SIRUP AUS FRÜCHTEN, BLÜTEN ODER KRÄUTERN – SCHNELL UND EINFACH GEMACHT

Es gibt zwei verschiedene Zubereitungsmöglichkeiten:
Variante 1: Zucker wird zusammen mit Wasser in einem Topf erhitzt und unter Rühren aufgekocht, bis sich der Zucker aufgelöst hat. Dann wird der Zucker-Wasser-Sirup vom Herd genommen und verfeinert: Mit frisch geernteten Kräutern, Blüten, Beeren oder Früchten. Man lässt den Ansatz zugedeckt 1–3 Tage ziehen und gießt ihn danach durch ein feines Sieb, das nach Bedarf mit einem Mulltuch ausgekleidet wird. Der aufgefangene Saft wird danach noch einmal aufgekocht und in sterilisierte Flaschen gefüllt. Diese Methode bietet sich vor allem für Sirupe an, die mit Kräutern, Blüten und Zitrusfrüchten zubereitet werden.

Variante 2: Ideal für Fruchtsirupe. Die Früchte werden zuerst mit etwas Wasser aufgekocht und ziehen je nach Rezept über Nacht mit aromatischen Begleitern wie Ingwer, Lavendel oder Minze. Dann gießt man den Ansatz durch ein feines Sieb, das nach Bedarf mit einem Mulltuch ausgekleidet wird. Gegebenenfalls werden die Früchte vorher püriert. Der aufgefangene Saft wird noch einmal mit Zucker erhitzt und anschließend in sterilisierte Flaschen gefüllt.

BIO-ZITRUSFRÜCHTE FÜR DEN SÄURE-KICK

Für die Siruprezepte in diesem Buch werden fast ausschließlich unbehandelte Zitrusfrüchte wie Zitronen, Limetten, Orangen, Mandarinen und Grapefruits verwendet. Um die Aromaausbeute zu erhöhen, wird möglichst alles von den Zitrusfrüchten verwertet: Die Schalen, die ausgepressten Hälften und der ausgepresste Saft kommen mit in den Ansatz, damit alles über Nacht zusammen mit Kräutern, Blüten oder Früchten ziehen kann. Zitronensäure, die für die industrielle Produktion überwiegend biochemisch mit Hilfe des Schwarzschimmels Aspergillus Niger gewonnen wird, kommt in den Rezepten nicht zum Einsatz. Dieser kann gentechnisch verändert sein und wird häufig auf einem mit Antibiotika behandelten Nährboden gezogen. Für die Herstellung von Brausepulvern wird in den Rezepten Bio-Zitronensäure, die aus natürlichen Zutaten gewonnen wird, verwendet.

SÜSSEN MIT ROHROHRZUCKER, AGAVENDICKSAFT UND HONIG

Sirupe, die für den Vorrat hergestellt werden und später für Limonaden, Fassbrausen oder Spritzgetränke zum Einsatz kommen, werden mit Zucker gesüßt, damit die Haltbarkeit gewährleistet ist. Hierfür kommt entweder weißer Haushaltszucker oder – wie in diesem Buch – heller Rohrohrzucker in Frage. Dunkler Rohrohrzucker oder brauner Zucker ist nicht zu empfehlen, da die starke Karamellnote einerseits den Geschmack und andererseits die Farbe der Sirupe und Brausepulver beeinflussen würde. Auch Stevia zeichnet sich durch einen intensiven Eigengeschmack aus und würde den feinen Geschmack der Getränke beeinträchtigen. Limonaden, die für den sofortigen Verbrauch bestimmt sind, können mit frisch pürierten und passierten Früchten und mit kohlensäurehaltigem Mineralwasser hergestellt werden. Diese Saft-Limonaden können je nach individuellem Geschmack mit Rohrohrzucker, Agavendicksaft oder Honig gesüßt werden. Während man für Saft-Limonaden den Süßegrad selbst bestimmen kann, ist für haltbaren Sirup ein Mindestzuckergehalt von 55 Prozent erforderlich, um die Haltbarkeit zu garantieren. Honig und Agavendicksaft sind nicht für Vorratssirupe geeignet, da sie nicht haltbarmachend wirken.

KÜCHENWERKZEUG

Für die Sirupherstellung wird keine komplizierte Ausstattung benötigt. Im Wesentlichen reichen folgende Küchenutensilien:
Küchenwaage / feines Sieb / Zitruspresse / Trichter / Mulltuch / Stabmixer / hoher Rührbecher zum Pürieren / mittelgroßer Topf (ca. 2–4 l Fassungsvermögen) / Schneebesen / Messbecher / Glasflaschen mit Schraubverschluss

Für die Brausepulverherstellung wird benötigt:
Küchenwaage / Küchenreibe / Mörser / Reagenzgläschen + Stopfen zum Abfüllen von Brausepulver

SIRUP-BASICS AUF EINEN BLICK

Sirup herzustellen ist die einfachste Sache der Welt. Für die Haltbarkeit sind jedoch einige wichtige Arbeitsschritte erforderlich:

– verwenden Sie ausschließlich Zutaten, die ganz frisch und sauber sind. Blüten, Beeren, Wildkräuter u. Ä. sollten Sie jenseits von dicht befahrenen Straßen sammeln. Obst sollte keine faulen und schimmeligen Stellen haben, Kräuter und Blüten nicht welk sein;
– alle Werkzeuge wie Messer, Sieb, Mulltuch, Schöpfkelle, Trichter und Topf

sollten blitzblank sein. Mulltücher nicht mit Weichspülmittel waschen, da der intensive Geruch dieser Mittel den Geschmack beeinflussen könnte;
– für die Flaschensterilisierung den Backofen auf 130 °C (Umluft) vorheizen. Saubere Glasflaschen und Deckel mit heißem Wasser ausspülen. Danach die Flaschen (ohne die Schraubverschlüsse) 15 Minuten im Backofen sterilisieren;
– den Sirup kochend direkt aus dem Kochtopf in die Flaschen füllen; dabei den Sirup mithilfe einer Schöpfkelle und eines Trichters in die Flaschen füllen. Die Flaschen sofort nach dem Einfüllen fest mit dem Deckel verschließen;
– für Sirup Rohrohrzucker oder Zucker verwenden; Honig und Agavendicksaft können als Süßungsmittel nur für frisch gemachte Saft-Limonaden eingesetzt werden, die nicht für den Vorrat bestimmt sind;
– Sirup kühl und dunkel (zum Beispiel im Keller) lagern; so hält er mindestens 6 Monate;
– geöffnete Flaschen im Kühlschrank aufbewahren und innerhalb von 4–5 Tagen verbrauchen;
– eine Farbveränderung ist kein Anzeichen dafür, dass der Sirup verdorben ist. Probieren Sie einfach und testen Sie den Geschmack!

SCHÖN VERPACKTE MITBRINGSEL

Selbst gemachte Sirupe für Limos, Brause und Spritz und auch Brausepulver eignen sich wunderbar zum Verschenken. Schön verpackt, sind sie ein Hingucker und ernten garantiert Applaus. Hier einige Tipps für das Verpacken:
– schön gestaltete Etiketten am Flaschenhals befestigen und den Inhalt darauf notieren (s. Kopiervorlagen auf S. 116/117);
– die Etiketten, Flaschen oder Brausepulver-Reagenzgläschen mit einem Gold- oder Silberlackstift beschriften;
– für Brausepulver kann man auch kleine Papiertütchen – zum Beispiel aus Pergamentpapier – selbst basteln und mit verschiedenen Motiven, Buchstaben etc. bestempeln. Die Stempel mit der dazugehörigen Farbe sind im Bastelgeschäft oder im Internet-Versandhandel erhältlich;
– kleine Extras wie Lavendelblüten, Kräuterzweige oder Zimtstangen an den Flaschen befestigen;
– Schleifen, Bänder, Kordeln, Spitzen oder simple Packbänder an den Flaschen befestigen;
– die Flaschen in einen Korb, einen ausgedienten Getränkehalter oder eine ausgediente Schachtel stellen und daran ein dekoratives Band aus Samt oder anderem Stoff – eventuell mit Pünktchen, Blümchen o. Ä. – befestigen.

Limonaden

Mit prickelnden, selbst gemachten Limonaden den Sommer ins Glas holen: Gartenfeste verlangen an heißen Tagen nach kühlen Drinks, die den Alltag vergessen lassen und für Überraschungen sorgen. Da gibt es die Sauren, die Exoten und die Klassiker – mal fruchtig, mal herb und manchmal sogar etwas scharf. Als grasgrüne Limonade mit Limette und Minze für Aufgeweckte, als Frische-Kick mit eisgekühlter Wassermelone oder als heiße Winter-Limonade mit Apfel und Zimt. Statt der ewigen Saftschorle sorgen hausgemachte Limonaden in verschiedensten Geschmacksrichtungen für Abwechslung und pure Erfrischung. Was sie so besonders lecker macht? Die Durstlöscher werden aus frischen Früchten und eisgekühltem Mineralwasser hergestellt – ganz ohne künstliche Aromen und Zusätze. Der hohe Fruchtgehalt, die feine Süße von Rohrohrzucker und der leichte Säurekick unbehandelter Zitrusfrüchte garantieren einen natürlich fruchtigen Geschmack. Ob mit Holunder, Apfel oder mit Wildkräutern – vieles davon wächst in unserer unmittelbaren Umgebung und ist eine ideale Basis für die selbst gemachten Erfrischungsgetränke. Heute kann man zwar Limonaden in allen Variationen kaufen, aber meistens bestehen sie aus Wasser, viel Zucker und Aromastoffen – das mag zwar schmecken, aber den Durst löschen sie nicht. Wer Limo selbst macht, kann nicht nur seine Lieblingszutaten wählen, sondern auch die Zuckermenge selbst bestimmen: Limos, die für den sofortigen Verbrauch bestimmt sind, kommen mit weniger Zucker aus und können auch mit Agavendicksaft und Honig gesüßt werden. Die Getränke aus der eigenen Produktion sind ideal für zu Hause oder unterwegs, in der Bahn auf dem Weg ins Büro, vor und nach dem Sport, auf der Party oder als Durststiller auf der Sommerparty. Mit spannenden Kombinationen aus Früchten, Blüten, Kräutern und Gewürzen. Einfach probieren und staunen!

Blutorangen-Basilikum-Limonade

Für ca. 1 l Sirup

600 ml Wasser
400 g heller Rohrohrzucker
10 große Basilikumblätter
2 Bio-Zitronen
5 Bio-Blutorangen

Zum Servieren

kaltes kohlensäurehaltiges Mineralwasser
Eiswürfel nach Belieben

Außerdem

1 Mulltuch
1 1-l-Flasche oder 2 500-ml-Flaschen aus Glas mit Schraubverschluss

Zubereitungszeit

60 Minuten + 1 Tag ziehen lassen

1. Das Wasser und den Zucker in einem Topf unter Rühren aufkochen, bis sich der Zucker aufgelöst hat. Vom Herd nehmen. Die Basilikumblättchen waschen und in den Zucker-Wasser-Sirup legen. Die Zitronen und die Blutorangen heiß waschen und trocken reiben. Die Schale der Früchte möglichst in dünnen, langen Spiralen abschälen. Die Früchte auspressen. Den Saft mit der Schale und den ausgepressten Hälften in den Zucker-Wasser-Sirup geben. Abkühlen lassen und zugedeckt über Nacht im Kühlschrank ziehen lassen.

2. Den Backofen auf 130 °C (Umluft) vorheizen. Saubere Glasflaschen in den Backofen legen und 15 Minuten sterilisieren.

3. Inzwischen die Schalen sowie die ausgepressten Blutorangen- und Zitronenhälften aus dem Sud nehmen und gut ausdrücken. Ein feines Sieb in einen Topf hängen und mit einem Mulltuch auskleiden. Den Saft hindurchgießen und abtropfen lassen. Das Tuch an den oberen Ecken zusammennehmen und eindrehen, sodass die restliche Flüssigkeit herausgepresst wird.

4. Den aufgefangenen Saft aufkochen und sofort mithilfe eines Trichters in die heißen Glasflaschen gießen. Verschließen und bis zum Verbrauch kühl und dunkel lagern.

5. Den Blutorangen-Basilikum-Sirup nach Geschmack mit kaltem Mineralwasser mischen. Nach Belieben Eiswürfel hinzugeben.

ZITRONEN-
Limonade

Für ca. 1 l Sirup
600 ml Wasser
400 g heller Rohrohrzucker
6 Bio-Zitronen

Zum Servieren
kaltes kohlensäurehaltiges Mineralwasser
Eiswürfel nach Belieben

Außerdem
1 1-l-Flasche oder 2 500-ml-Flaschen aus Glas mit Schraubverschluss

Zubereitungszeit
60 Minuten + 1 Tag ziehen lassen

1. Das Wasser und den Zucker in einem Topf unter Rühren aufkochen, bis sich der Zucker aufgelöst hat. Vom Herd nehmen. Die Zitronen heiß waschen und trocken reiben. Die Schale der Früchte dünn abschälen. Den Saft auspressen und mit der Schale und den ausgepressten Hälften in den Zucker-Wasser-Sirup geben. Abkühlen lassen und zugedeckt über Nacht im Kühlschrank ziehen lassen.

2. Den Backofen auf 130 °C (Umluft) vorheizen. Saubere Glasflaschen in den Backofen legen und 15 Minuten sterilisieren.

3. Inzwischen den Zitronensud durch ein feines Sieb gießen, dabei die Flüssigkeit auffangen. Die Zitronenhälften und die Schale kräftig mit einem Löffelrücken im Sieb ausdrücken.

4. Den aufgefangenen Saft zurück in den Topf geben, aufkochen und sofort mithilfe eines Trichters in die heißen Glasflaschen gießen. Verschließen und bis zum Verbrauch kühl und dunkel lagern.

5. Den Zitronen-Sirup nach Geschmack mit kaltem Mineralwasser mischen. Nach Belieben Eiswürfel hinzugeben.

VARIANTE: LIMONATA AL BASILICO Für das bekannte Erfrischungsgetränk aus Sizilien wird die Zitronenlimonade mit Basilikum aromatisiert. Hierfür den Zitronen-Sirup nach obigem Rezept herstellen. Zusätzlich 15 große Basilikumblättchen waschen und in den Sud legen. 1 Tag ziehen lassen und wie im Rezept beschrieben fortfahren. Die Limonade mit frischen Basilikumblättchen und Eiswürfeln servieren.

ORANGEN-ROSMARIN-
Limonade

Für ca. 1 l Sirup
600 ml Wasser
400 g heller Rohrohrzucker
5 Zweige Rosmarin
2 Bio-Zitronen
5 Bio-Orangen

Zum Servieren
kaltes kohlensäurehaltiges Mineralwasser
Eiswürfel nach Belieben

Außerdem
1 Mulltuch
1 1-l-Flasche oder 2 500-ml-Flaschen aus Glas mit Schraubverschluss

Zubereitungszeit
60 Minuten + 1 Tag ziehen lassen

1. Das Wasser und den Zucker in einem Topf unter Rühren aufkochen, bis sich der Zucker aufgelöst hat. Vom Herd nehmen. Die Rosmarinzweige waschen und in den Zucker-Wasser-Sirup legen. Die Zitronen und die Orangen heiß waschen und trocken reiben. Die Schale der Früchte möglichst in langen, dünnen Spiralen abschälen. Die Früchte auspressen. Den Saft mit der Schale und den ausgepressten Hälften in den Zucker-Wasser-Sirup geben. Abkühlen lassen und zugedeckt über Nacht im Kühlschrank ziehen lassen.
2. Den Backofen auf 130 °C (Umluft) vorheizen. Saubere Glasflaschen in den Backofen legen und 15 Minuten sterilisieren.
3. Inzwischen den Rosmarin, die Schalen und die ausgepressten Hälften gut ausdrücken und aus dem Sud nehmen. Ein feines Sieb in einen Topf hängen und mit einem Mulltuch auskleiden. Den Saft hindurchgießen und abtropfen lassen. Das Tuch an den oberen Ecken zusammennehmen und eindrehen, sodass die restliche Flüssigkeit herausgepresst wird.
4. Den aufgefangenen Saft aufkochen und mithilfe eines Trichters sofort in die heißen Glasflaschen gießen. Verschließen und bis zum Verbrauch kühl und dunkel lagern.
5. Den Orangen-Rosmarin-Sirup nach Geschmack mit kaltem Mineralwasser mischen. Nach Belieben Eiswürfel hinzugeben.

VARIANTE: ORANGEN-LIMONADE Wer die Limonade lieber mit purem Orangengeschmack mag, lässt die Rosmarinzweige einfach weg.

LIMETTEN-MINZE-
Limonade

Für ca. 1,5 l Sirup
1,1 l Wasser
700 g heller Rohrohrzucker
10 Stängel Minze
3 Bio-Limetten

Zum Servieren
kaltes kohlensäurehaltiges Mineralwasser
Eiswürfel nach Belieben

Außerdem
2 750-ml-Flaschen oder 3 500-ml-Flaschen aus Glas mit Schraubverschluss

Zubereitungszeit
45 Minuten + 1 Tag ziehen lassen

1. Das Wasser und den Zucker in einem Topf unter Rühren aufkochen, bis sich der Zucker aufgelöst hat. Vom Herd nehmen. Die Minze waschen und in den Zucker-Wasser-Sirup legen. Die Limetten waschen und trocken reiben. Die Schale dünn abschälen. Die Limetten auspressen. Den Saft mit der Schale und den ausgepressten Hälften in den Sirup geben. Abkühlen lassen und zugedeckt über Nacht im Kühlschrank ziehen lassen.
2. Den Backofen auf 130 °C (Umluft) vorheizen. Saubere Glasflaschen in den Backofen legen und 15 Minuten sterilisieren.
3. Inzwischen den Sud durch ein feines Sieb gießen, dabei den Saft auffangen. Mit einem Löffelrücken die Limettenschalen und -hälften sowie die Minze kräftig im Sieb ausdrücken.
4. Den aufgefangenen Saft zurück in den Topf geben, aufkochen und sofort mithilfe eines Trichters in die heißen Glasflaschen gießen. Verschließen und bis zum Verbrauch kühl und dunkel lagern.
5. Den Limetten-Minze-Sirup nach Geschmack mit kaltem Mineralwasser mischen. Nach Belieben Eiswürfel hinzugeben.

VARIANTE: LIMETTEN-MINZE-INGWER-LIMONADE Für noch mehr Aroma zusätzlich 50 g Ingwerwurzel dazugeben. Hierfür den Ingwer vorher schälen und auf der Küchenreibe fein reiben. Mit der Minze und den Limetten in den Zucker-Wasser-Sirup geben.

Mandarinen-Kardamom-Limonade

Für ca. 1 l Sirup

600 ml Wasser
400 g heller Rohrohrzucker
2 Bio-Zitronen
7 Bio-Mandarinen
10 Kardamomkapseln

Zum Servieren

kaltes kohlensäurehaltiges Mineralwasser
Eiswürfel nach Belieben

Außerdem

1 Mulltuch
1 1-l-Flasche oder 2 500-ml-Flaschen aus Glas mit Schraubverschluss

Zubereitungszeit

60 Minuten + 1 Tag ziehen lassen

1. Das Wasser und den Zucker in einem Topf unter Rühren aufkochen, bis sich der Zucker aufgelöst hat. Vom Herd nehmen. Die Zitronen und die Mandarinen heiß waschen und trocken reiben. Die Schale der Früchte möglichst in dünnen, langen Spiralen abschälen. Die Zitronen auspressen. Den Zitronensaft mit den ausgepressten Zitronenhälften und der Schale von Zitronen und Mandarinen in den Zucker-Wasser-Sirup geben. Die Mandarinen in Spalten teilen und dazugeben. Die Kardamomkapseln aufbrechen. Die Samen herausnehmen und mit den leeren Kapseln in den Sud legen. Abkühlen lassen und zugedeckt über Nacht im Kühlschrank ziehen lassen.

2. Den Backofen auf 130 °C (Umluft) vorheizen. Saubere Glasflaschen in den Backofen legen und 15 Minuten sterilisieren.

3. Inzwischen die Schalen und die ausgepressten Zitronenhälften aus dem Sud nehmen und gut ausdrücken. Ein feines Sieb in einen Topf hängen und mit einem Mulltuch auskleiden. Den Sud mit den Mandarinenspalten hindurchgießen. Das Tuch an den oberen Ecken zusammennehmen und eindrehen, sodass die restliche Flüssigkeit herausgepresst wird.

4. Den aufgefangenen Saft aufkochen und mithilfe eines Trichters sofort in die heißen Glasflaschen gießen. Verschließen und bis zum Verbrauch kühl und dunkel lagern.

5. Den Mandarinen-Kardamom-Sirup nach Geschmack mit Mineralwasser mischen. Nach Belieben Eiswürfel hinzugeben.

Zitronenmelissen-
Limonade

Für ca. 1,5 l Sirup

1,1 l Wasser
700 g heller Rohrohzucker
10 Stängel Zitronenmelisse
100 ml Zitronen-Direktsaft
1 Bio-Zitrone
1 Apfel

Zum Servieren

kaltes kohlensäurehaltiges Mineralwasser
Eiswürfel nach Belieben

Außerdem

2 750-ml-Flaschen oder
3 500-ml-Flaschen aus Glas mit Schraubverschluss

Zubereitungszeit

40 Minuten +
1 Tag ziehen lassen

1. Das Wasser und den Zucker in einem Topf unter Rühren aufkochen, bis sich der Zucker aufgelöst hat. Vom Herd nehmen. Die Zitronenmelisse waschen und in den Zucker-Wasser-Sirup legen. Den Zitronen-Direktsaft hinzufügen. Die Zitrone heiß waschen und trocken reiben. Die Schale dünn abschälen und den Saft auspressen. Den Saft mit der Schale und den ausgepressten Hälften in den Sirup geben. Den Apfel waschen, entkernen und mit Schale vierteln. Die Viertel in kleine Stückchen schneiden und in den Sirup geben. Abkühlen lassen und zugedeckt über Nacht im Kühlschrank ziehen lassen.

2. Den Backofen auf 130 °C (Umluft) vorheizen. Saubere Glasflaschen in den Backofen legen und 15 Minuten sterilisieren.

3. Inzwischen den Sud durch ein feines Sieb gießen, dabei die Flüssigkeit auffangen. Mit einem Löffelrücken die Zitronenschalen und -hälften sowie Apfel und Zitronenmelisse kräftig im Sieb ausdrücken.

4. Den aufgefangenen Saft zurück in den Topf geben, aufkochen und sofort mithilfe eines Trichters in die heißen Glasflaschen gießen. Verschließen und bis zum Verbrauch kühl und dunkel lagern.

5. Den Zitronenmelissen-Sirup nach Geschmack mit Mineralwasser mischen. Nach Belieben Eiswürfel hinzugeben.

VARIANTE: ZITRONENVERBENEN-LIMONADE Für ebenfalls viel Zitronenaroma sorgt auch Zitronenverbene: Den Sirup nach obigem Rezept herstellen und statt 10 Stängeln Zitronenmelisse 10 Stängel Zitronenverbene in den Zucker-Wasser-Sirup geben.

RHABARBER-
Limonade

Für ca. 750 ml Sirup
650 g Rhabarber
(nach dem Putzen sollten
500 g übrig sein)
250 ml Wasser
250 g heller Rohrohrzucker
25 g Vanillezucker
20 ml Zitronen-Direktsaft

Zum Servieren
kaltes kohlensäurehaltiges
Mineralwasser
Eiswürfel nach Belieben

Außerdem
1 750-ml-Flasche aus Glas mit
Schraubverschluss

Zubereitungszeit
30 Minuten

1. Den Rhabarber waschen, putzen und in 5 cm lange Stücke schneiden. In einen Topf geben und mit Wasser zum Kochen bringen. Zugedeckt bei mittlerer Hitze in ca. 5 Minuten weich kochen.

2. Den Backofen auf 130 °C (Umluft) vorheizen. Die saubere Glasflasche in den Backofen legen und 15 Minuten sterilisieren.

3. Inzwischen den Rhabarber-Sud durch ein feines Sieb gießen, dabei den Saft auffangen. Die Rhabarberstückchen mit einem Löffelrücken im Sieb ausdrücken.

4. Den aufgefangenen Saft zurück in den Topf geben. Den Zucker, den Vanillezucker und den Zitronen-Direktsaft hinzugeben. Unter Rühren weitere 5 Minuten köcheln lassen.

5. Den Rhabarbersirup sofort mithilfe eines Trichters in die heiße Glasflasche gießen. Verschließen und bis zum Verbrauch kühl und dunkel lagern.

6. Den Rhabarbersirup nach Geschmack mit Mineralwasser mischen. Nach Belieben Eiswürfel hinzugeben.

ICH
FRISCHE
LIMO

HOLUNDERBLÜTEN-
Limonade

Für 1,5 l Sirup

15 große Holunderblütendolden
1 l Wasser
700 g weißer Zucker
1 Bio-Zitrone
100 ml Zitronensaft

Zum Servieren

kaltes kohlensäurehaltiges Mineralwasser
Eiswürfel nach Belieben

Außerdem

2 750-ml-Flaschen oder 3 500-ml-Flaschen aus Glas mit Schraubverschluss

Zubereitungszeit

45 Minuten + 3 Tage ziehen lassen

1. Die Holunderblütendolden vorsichtig ausschütteln und nicht waschen, da sie sonst ihr Aroma verlieren. Die Dolden eventuell von Insekten befreien.

2. Das Wasser und den Zucker in einem Topf unter Rühren aufkochen, bis sich der Zucker aufgelöst hat. Vom Herd nehmen. Die Zitrone heiß waschen, trocken reiben und in Scheiben schneiden. Die Holunderblütendolden und die Zitronenscheiben in den Zucker-Wasser-Sirup legen. Den Zitronensaft hinzugeben. Abkühlen lassen und zugedeckt 3 Tage im Kühlschrank ziehen lassen.

3. Den Backofen auf 130 °C (Umluft) vorheizen. Saubere Glasflaschen in den Backofen legen und 15 Minuten sterilisieren.

4. Inzwischen den Sud durch ein feines Sieb gießen, dabei die Flüssigkeit auffangen. Die Holunderblüten und die Zitronenscheiben mit einem Löffelrücken gut im Sieb ausdrücken.

5. Den Saft zurück in den Topf geben, aufkochen und sofort mithilfe eines Trichters in die heißen Glasflaschen gießen. Verschließen und bis zum Verbrauch kühl und dunkel lagern.

6. Den Holunderblütensirup nach Geschmack mit Mineralwasser mischen. Nach Belieben Eiswürfel hinzugeben.

WILDKRÄUTER-KIWI-LIMETTEN-Limonade

Für ca. 1 l Sirup

1 l Wasser
600 g heller Rohrohrzucker
2–3 Handvoll Wildkräuter (Giersch, Brennnessel, Löwenzahn)
50 ml Zitronen-Direktsaft
2 Bio-Limetten
1 Bio-Zitrone
2 Kiwis

Zum Servieren

kaltes kohlensäurehaltiges Mineralwasser
Eiswürfel nach Belieben

Außerdem

1 1-l-Flasche oder 2 500-ml-Flaschen aus Glas mit Schraubverschluss

Zubereitungszeit

45 Minuten + 1 Tag ziehen lassen

1. Das Wasser und den Zucker in einem Topf unter Rühren aufkochen, bis sich der Zucker aufgelöst hat. Vom Herd nehmen. Die Wildkräuter waschen und hineinlegen. Den Zitronen-Direktsaft hinzugeben. Die Limetten und die Zitrone heiß waschen und trocken reiben. Die Schale der Früchte dünn abschälen und den Saft auspressen. Den Saft mit der Schale und den ausgepressten Hälften in den Zucker-Wasser-Sirup geben. Die Kiwis schälen, in Stücke schneiden und hinzugeben. Abkühlen lassen und zugedeckt über Nacht im Kühlschrank ziehen lassen.

2. Den Backofen auf 130 °C (Umluft) vorheizen. Saubere Glasflaschen in den Backofen legen und 15 Minuten sterilisieren.

3. Inzwischen den Wildkräutersud durch ein feines Sieb gießen, dabei die Flüssigkeit auffangen. Mit einem Löffelrücken Kiwistücke und ausgepresste Zitronenhälften kräftig im Sieb ausdrücken.

4. Den aufgefangenen Saft zurück in den Topf geben, aufkochen und sofort mithilfe eines Trichters in die heißen Glasflaschen gießen. Verschließen und bis zum Verbrauch kühl und dunkel lagern.

5. Den Wildkräutersirup nach Geschmack mit Mineralwasser mischen. Nach Belieben Eiswürfel hinzugeben.

Kirsch-Vanille-Limonade

Für ca. 750 ml Sirup

1 kg Süßkirschen
400 ml Wasser
400 g heller Rohrohrzucker
1 Vanilleschote
50 ml Zitronen-Direktsaft

Zum Servieren

kaltes kohlensäurehaltiges Mineralwasser
Eiswürfel nach Belieben

Außerdem

1 750-ml-Flasche aus Glas mit Schraubverschluss

Zubereitungszeit

40 Minuten + 2 Stunden ziehen lassen

1. Die Kirschen waschen, entsteinen und klein schneiden. Das Wasser und den Zucker in einem Topf unter Rühren aufkochen, bis sich der Zucker aufgelöst hat. Die Kirschen hineingeben. Die Vanilleschote längs aufschneiden. Das Vanillemark in die Kirschmasse schaben. Die Vanilleschote hinzufügen. Alles zusammen ca. 15 Minuten bei schwacher Hitze köcheln lassen, bis die Kirschen weich sind.

2. Den Topf vom Herd nehmen. Den Zitronen-Direktsaft unterrühren. Die Kirschmasse abkühlen lassen und zugedeckt 2 Stunden ziehen lassen.

3. Den Backofen auf 130 °C (Umluft) vorheizen. Die saubere Glasflasche in den Backofen legen und 15 Minuten sterilisieren.

4. Inzwischen die Vanilleschote aus der Kirschmasse nehmen. Die Masse mit dem Stabmixer pürieren und durch ein feines Sieb gießen. Dabei den Saft auffangen, zurück in den Topf geben und noch einmal kurz aufkochen.

5. Den Sirup sofort mithilfe eines Trichters in die heiße Glasflasche gießen. Verschließen und bis zum Verbrauch kühl und dunkel lagern.

6. Den Kirschsirup nach Geschmack mit Mineralwasser mischen. Nach Belieben Eiswürfel hinzugeben.

Erdbeer-Holunderblüten-Limonade

Für ca. 750 ml Sirup

1,2 kg reife Erdbeeren
1 Bio-Zitrone
3 große Holunderblütendolden
400 g heller Rohrohrzucker
125 ml Wasser

Zum Servieren

kaltes kohlensäurehaltiges Mineralwasser
Eiswürfel nach Belieben

Außerdem

1 1-l-Flasche oder 2 500-ml-Flaschen aus Glas mit Schraubverschluss

Zubereitungszeit

50 Minuten + 1 Tag ziehen lassen

1. Die Erdbeeren waschen, abtropfen lassen, putzen und klein schneiden. Die Zitrone waschen, trocken reiben und in Scheiben schneiden. Die Holunderblütendolden vorsichtig ausschütteln und nicht waschen, da sie sonst ihr Aroma verlieren. Die Dolden eventuell von Insekten befreien.

2. Die Erdbeeren, den Zucker und die Zitronenscheiben in einen Topf geben und mit 125 ml Wasser mischen. Unter Rühren bei schwacher Hitze langsam aufkochen. Den Topf vom Herd nehmen. Die Holunderblüten hinzugeben und untermischen. Abkühlen lassen und zugedeckt über Nacht im Kühlschrank ziehen lassen.

3. Den Backofen auf 130 °C (Umluft) vorheizen. Saubere Glasflaschen in den Backofen legen und 15 Minuten sterilisieren.

4. Inzwischen den Erdbeer-Holunderblüten-Sud durch ein feines Sieb gießen, dabei den Saft auffangen. Mit einem Löffelrücken Erdbeerstückchen, Holunderblüten und Zitronenscheiben gut im Sieb ausdrücken.

5. Den aufgefangenen Saft zurück in den Topf geben, aufkochen und sofort mithilfe eines Trichters in die heißen Glasflaschen gießen. Verschließen und bis zum Verbrauch kühl und dunkel lagern.

6. Den Erdbeer-Holundersirup nach Geschmack mit Mineralwasser mischen. Nach Belieben Eiswürfel hinzugeben.

VARIANTE: ERDBEER-LIMONADE Für den puren Erdbeergeschmack die Holunderblüten einfach weglassen und die Limonade wie oben im Rezept beschrieben herstellen.

ICH
♥
FRISCHE
LIMO

Löwenzahnblüten-Limonade

Für ca. 750 ml Sirup

100 g Löwenzahnblüten (ca. 2–3 Handvoll)
750 ml Wasser
400 g heller Rohrohrzucker
1 Bio-Zitrone
100 ml Zitronen-Direktsaft

Zum Servieren

kaltes kohlensäurehaltiges Mineralwasser
Eiswürfel nach Belieben

Außerdem

1 750-ml-Flasche aus Glas mit Schraubverschluss

Zubereitungszeit

60 Minuten + 1 Tag ziehen lassen

1. Die Löwenzahnblüten von Insekten befreien und aus den grünen Körbchen herausdrehen, da die grünen Teile einen bitteren Geschmack hervorrufen können. Die Blüten nicht waschen, da sie sonst ihr Aroma verlieren.

2. Das Wasser und den Zucker in einem Topf unter Rühren aufkochen, bis sich der Zucker aufgelöst hat. Vom Herd nehmen. Die Zitrone heiß waschen und trocken reiben. Die Schale dünn abschälen und den Saft auspressen. Den Zitronensaft, die -schale und die ausgepressten Hälften dazugeben. Den Zitronen-Direktsaft und die Blüten hinzugeben. Abkühlen lassen und zugedeckt über Nacht im Kühlschrank ziehen lassen.

3. Den Backofen auf 130 °C (Umluft) vorheizen. Die saubere Glasflasche in den Backofen legen und 15 Minuten sterilisieren.

4. Inzwischen den Löwenzahnblüten-Sud durch ein feines Sieb gießen, dabei die Flüssigkeit auffangen. Mit einem Löffelrücken die Zitronenhälften und -schale sowie die Blüten im Sieb gut ausdrücken.

5. Den aufgefangenen Saft zurück in den Topf geben, aufkochen und sofort mithilfe eines Trichters in die heiße Glasflasche gießen. Verschließen und bis zum Verbrauch kühl und dunkel lagern.

6. Den Löwenzahnblüten-Sirup nach Geschmack mit Mineralwasser mischen. Nach Belieben Eiswürfel hinzugeben.

LAVENDELBLÜTEN-Limonade

Für ca. 1 l Sirup

750 ml Wasser
500 g heller Rohrohrzucker
100 ml Zitronen-Direktsaft
1 Bio-Zitrone
6 EL frische Lavendelblüten oder 3 gehäufte EL getrocknete Lavendelblüten

Zum Servieren

kaltes kohlensäurehaltiges Mineralwasser
Eiswürfel nach Belieben

Außerdem

1 1-l-Flasche oder 2 500-ml-Flaschen aus Glas mit Schraubverschluss

Zubereitungszeit

25 Minuten + 2 Tage ziehen lassen

1. Das Wasser und den Zucker in einem Topf unter Rühren aufkochen, bis sich der Zucker aufgelöst hat. Vom Herd nehmen. Den Zitronen-Direktsaft hinzugeben. Die Zitrone heiß waschen und trocken reiben. Die Schale dünn abschälen und den Saft auspressen. Den Zitronensaft, die -schale und die ausgepressten Hälften dazugeben. Mit den Lavendelblüten in den Zucker-Wasser-Sirup geben. Abkühlen lassen und zugedeckt 2 Tage im Kühlschrank ziehen lassen.

2. Den Backofen auf 130 °C (Umluft) vorheizen. Saubere Glasflaschen in den Backofen legen und 15 Minuten sterilisieren.

3. Inzwischen die Lavendelflüssigkeit durch ein feines Sieb gießen, dabei die Flüssigkeit auffangen.

4. Den aufgefangenen Saft zurück in den Topf geben, aufkochen und sofort mithilfe eines Trichters in die heißen Glasflaschen gießen. Verschließen und bis zum Verbrauch kühl und dunkel lagern.

5. Den Lavendel-Sirup nach Geschmack mit Mineralwasser mischen. Nach Belieben Eiswürfel hinzugeben.

TIPP Den Lavendelblüten-Sirup kann man auch sehr gut mit eisgekühltem Sekt oder Prosecco und einem Spritzer Mineralwasser aufgießen. Zusätzlich einige Eiswürfel und frische Lavendelblüten hinzugeben.

Kapuzinerkresseblüten-Limonade

Für 750 ml Sirup

600 ml Wasser
200 g heller Rohrohrzucker
100 ml Zitronen-Direktsaft
1 Bio-Zitrone
15 Kapuzinerkresseblüten + einige Blüten zum Dekorieren

Zum Servieren

kaltes kohlensäurehaltiges Mineralwasser
Kapuzinerkresseblüten
Eiswürfel nach Belieben

Außerdem

1 750-ml-Flasche aus Glas mit Schraubverschluss

Zubereitungszeit

45 Minuten + 1 Tag ziehen lassen

1. Das Wasser und den Zucker in einem Topf unter Rühren aufkochen, bis sich der Zucker aufgelöst hat. Den Zitronen-Direktsaft hinzugeben. Die Zitrone heiß waschen und trocken reiben. Die Schale fein abreiben. Die Zitrone auspressen. Den Saft mit der abgeriebenen Schale und den ausgepressten Hälften in den Zucker-Wasser-Sirup geben.

2. Die Kapuzinerkresseblüten vorsichtig waschen und dazugeben. Den Sud abkühlen lassen und über Nacht zugedeckt im Kühlschrank ziehen lassen.

3. Den Backofen auf 130 °C (Umluft) vorheizen. Die saubere Glasflasche in den Backofen legen und 15 Minuten sterilisieren.

4. Inzwischen den Sud durch ein feines Sieb gießen, dabei den Saft auffangen. Die Zitronenhälften und die Blüten mit einem Löffelrücken kräftig im Sieb ausdrücken.

5. Den aufgefangenen Saft sofort zurück in den Topf geben, aufkochen und mithilfe eines Trichters in die heiße Glasflasche gießen. Verschließen und bis zum Verbrauch kühl und dunkel lagern.

6. Den Kapuzinerkresse-Zitronen-Sirup nach Geschmack mit Mineralwasser mischen. Einige Kapuzinerkresseblüten und nach Belieben Eiswürfel hinzugeben.

KAPUZINERKRESSEBLÜTEN-EISWÜRFEL In je 1 Mulde eines Eiswürfelbehälters 1 Kapuzinerkresseblüte geben, mit Wasser auffüllen und tiefgefrieren. Nach Bedarf entnehmen und in das Getränk geben.

Apfel-Pfefferminze-Limonade

Für ca. 1 l Sirup

600 ml Wasser
50 ml Zitronen-Direktsaft
500 g Äpfel
3 Stängel Pfefferminze
400 g heller Rohrohrzucker

Zum Servieren

kaltes kohlensäurehaltiges Mineralwasser
Eiswürfel nach Belieben

Außerdem

1 Mulltuch
1 1-l-Flasche oder 2 500-ml-Flaschen aus Glas mit Schraubverschluss

Zubereitungszeit

50 Minuten + 1 Tag ziehen lassen

1. Das Wasser in eine hohe Rührschüssel füllen. Den Zitronen-Direktsaft hinzugeben. Die Äpfel waschen, schälen, vierteln und entkernen. Die Viertel in kleine Stücke schneiden und sofort ins Wasser legen. Alles mit dem Stabmixer pürieren. Die Pfefferminze waschen und hineinlegen. Den Saft zugedeckt über Nacht im Kühlschrank ziehen lassen.
2. Den Backofen auf 130 °C (Umluft) vorheizen. Saubere Glasflaschen in den Backofen legen und 15 Minuten sterilisieren.
3. Inzwischen die Pfefferminze aus dem Saft nehmen. Die Fruchtmasse mit dem Schneebesen gut durchrühren. Ein feines Sieb in einen Topf hängen und mit einem Mulltuch auskleiden. Die Fruchtmasse hineingeben und abtropfen lassen. Das Tuch an den oberen Ecken zusammennehmen und eindrehen, sodass die restliche Flüssigkeit herausgepresst wird. Die Pfefferminze in die aufgefangene Flüssigkeit zurückgeben.
4. Den Saft mit dem Zucker unter Rühren aufkochen, bis sich der Zucker aufgelöst hat. Die Pfefferminze herausnehmen. Den Sirup sofort mithilfe eines Trichters in die heißen Glasflaschen gießen. Verschließen und bis zum Verbrauch kühl und dunkel lagern.
5. Den Apfel-Pfefferminze-Sirup nach Geschmack mit Mineralwasser mischen. Nach Belieben Eiswürfel hinzugeben.

Pflaumen-Zitronen-Limonade

Für ca. 1 l Sirup
1 kg Pflaumen
2 Bio-Zitronen
600 ml Wasser
500 g heller Rohrohrzucker

Zum Servieren
kaltes kohlensäurehaltiges Mineralwasser
Eiswürfel nach Belieben

Außerdem
1 Mulltuch
1 1-l-Flasche oder 2 500-ml-Flaschen aus Glas mit Schraubverschluss

Zubereitungszeit
60 Minuten + 2 Stunden ziehen lassen

1. Die Pflaumen waschen, halbieren und entsteinen. Die Zitronen heiß waschen und trocken reiben. Die Schale dünn abschälen. Die Zitronen auspressen. Den Saft mit der Schale, den ausgepressten Hälften und den Pflaumen in einen Topf geben. Das Wasser hinzugeben, alles aufkochen und ca. 10 Minuten bei schwacher Hitze zugedeckt köcheln lassen, bis die Pflaumen weich sind. Vom Herd nehmen, abkühlen lassen und zugedeckt 2 Stunden ziehen lassen.

2. Den Backofen auf 130 °C (Umluft) vorheizen. Saubere Glasflaschen in den Backofen legen und 15 Minuten sterilisieren.

3. Ein feines Sieb in einen Topf hängen und mit einem Mulltuch auskleiden. Die Pflaumenmasse hindurchgießen und abtropfen lassen. Das Tuch an den oberen Ecken zusammennehmen und eindrehen, sodass die restliche Flüssigkeit herausgepresst wird.

4. Den aufgefangenen Saft mit dem Zucker unter Rühren aufkochen, bis sich der Zucker aufgelöst hat. Vom Herd nehmen und sofort mithilfe eines Trichters in die heißen Glasflaschen gießen. Verschließen und bis zum Verbrauch kühl und dunkel lagern.

5. Den Pflaumen-Zitronen-Sirup nach Geschmack mit Mineralwasser mischen. Nach Belieben Eiswürfel hinzugeben.

APFEL-HOLUNDER-Limonade

Für ca. 1 l Sirup

850 g Äpfel
400 g gezupfte Holunderbeeren
500 ml Wasser
500 g heller Rohrohrzucker
100 ml Zitronen-Direktsaft

Zum Servieren

kaltes kohlensäurehaltiges Mineralwasser
Eiswürfel nach Belieben

Außerdem

1 1-l-Flasche oder
2 500-ml-Flasche aus Glas mit Schraubverschluss

Zubereitungszeit

55 Minuten

1. Die Äpfel waschen, schälen, vierteln und entkernen. Die Viertel auf der Küchenreibe raspeln. Die Holunderbeeren in ein Sieb geben und mit kaltem Wasser abspülen. Mit den geriebenen Äpfeln in einen Topf geben. Das Wasser hinzugeben.

2. Die Holunder-Apfelmasse unter Rühren erhitzen und 8 Minuten bei mittlerer Hitze zugedeckt köcheln lassen. Vom Herd nehmen und abkühlen lassen. Anschließend die Beeren-Apfelmasse durch ein feines Sieb gießen, dabei den Saft auffangen. Zurückbleibendes Fruchtpüree im Sieb mit einem Löffelrücken leicht ausdrücken und gut abtropfen lassen.

3. Den Backofen auf 130 °C (Umluft) vorheizen. Saubere Glasflaschen in den Backofen legen und 15 Minuten sterilisieren.

4. Inzwischen in einem Topf den Apfel-Holunder-Saft mit dem Zucker unter Rühren aufkochen, bis sich der Zucker aufgelöst hat. Den Zitronen-Direktsaft einrühren. Den Sirup sofort mithilfe eines Trichters in die heißen Glasflaschen gießen. Verschließen und bis zum Verbrauch kühl und dunkel lagern.

5. Den Apfel-Holunder-Sirup nach Geschmack mit Mineralwasser mischen. Nach Belieben Eiswürfel hinzugeben.

WINTER-Limonade

Für ca. 1,5 l Sirup
800 ml Wasser
100 ml Zitronen-Direktsaft
1 kg Äpfel
1 Zimtstange
1 Sternanis
2 Gewürznelken
2 Kardamomkapseln
600 g heller Rohrohrzucker

Zum Servieren
kaltes kohlensäurehaltiges Mineralwasser
Eiswürfel nach Belieben

Außerdem
1 Mulltuch
2 750-ml-Flaschen oder 3 500-ml-Flaschen aus Glas mit Schraubverschluss

Zubereitungszeit
60 Minuten + 1 Tag ziehen lassen

1. Das Wasser in eine hohe Rührschüssel füllen. Den Zitronen-Direktsaft hinzugeben. Die Äpfel waschen, schälen, vierteln und entkernen. Die Viertel klein schneiden und sofort in die Schüssel geben. Alles mit dem Stabmixer pürieren. Die Zimtstange, den Sternanis und die Nelken hineingeben. Die Kardamomkapseln aufbrechen, die Samen herausnehmen und mit den leeren Kapseln hinzufügen. Den Saft zugedeckt über Nacht im Kühlschrank ziehen lassen.

2. Den Backofen auf 130 °C (Umluft) vorheizen. Saubere Glasflaschen in den Backofen legen und 15 Minuten sterilisieren.

3. Inzwischen die Zimtstange und den Sternanis aus dem Saft nehmen und beiseitelegen. Den Apfelsaft mit einem Schneebesen gut durchrühren. Ein feines Sieb in einen Topf hängen und mit einem Mulltuch auskleiden. Den Saft hindurchgießen und abtropfen lassen. Das Tuch an den oberen Ecken zusammennehmen und eindrehen, sodass die restliche Flüssigkeit herausgepresst wird.

4. Die Zimtstange und den Sternanis zurück in den Saft geben. Den Saft mit dem Zucker aufkochen und klar rühren. Die Gewürze herausnehmen und den Saft sofort mithilfe eines Trichters in die heißen Glasflaschen gießen. Verschließen und bis zum Verbrauch kühl und dunkel lagern.

5. Den Apfel-Gewürz-Sirup nach Geschmack mit Mineralwasser mischen. Nach Belieben Eiswürfel hinzugeben.

AUCH LECKER: Die Winterlimonade erhitzen und als Heißgetränk servieren.

Johannisbeer-Apfel-Limonade

Für ca. 1 l Sirup

500 g rote Johannisbeeren
550 ml Wasser
400 g Äpfel
2 Nelken
1 Zimtstange
375 g Zucker

Zum Servieren

kaltes kohlensäurehaltiges Mineralwasser
Eiswürfel nach Belieben

Außerdem

1 1-l-Flasche oder 2 500-ml-Flaschen aus Glas mit Schraubverschluss

Zubereitungszeit

45 Minuten + 1 Tag ziehen lassen

1. Die Johannisbeeren waschen, von den Stielen streifen und mit 150 ml Wasser in eine Schüssel geben. Die Beeren mit einem Kartoffelstampfer gut zerdrücken. Die Äpfel waschen, schälen, vierteln und entkernen. Die Viertel in möglichst kleine Stückchen schneiden. Mit den Nelken und der Zimtstange zu den Johannisbeeren geben. Zugedeckt über Nacht im Kühlschrank ziehen lassen.

2. Den Backofen auf 130 °C (Umluft) vorheizen. Saubere Glasflaschen in den Backofen legen und 15 Minuten sterilisieren.

3. Inzwischen in einem Topf die Johannisbeer-Apfel-Masse erhitzen und ca. 5 Minuten zugedeckt leicht köcheln lassen, bis die Äpfel weich sind. Den Fruchtbrei mit einem Löffelrücken durch ein feines Sieb streichen, dabei die Flüssigkeit auffangen.

4. Den Johannisbeer-Apfel-Sirup zurück in den Topf geben. 400 ml Wasser und den Zucker hinzugeben. Die Masse unter Rühren erhitzen, bis sich der Zucker aufgelöst hat. Aufkochen, vom Herd nehmen und den Schaum abschöpfen.

5. Den Saft sofort mithilfe eines Trichters in die heißen Glasflaschen gießen. Verschließen und bis zum Verbrauch kühl und dunkel lagern.

6. Den Johannisbeer-Apfel-Sirup nach Geschmack mit Mineralwasser mischen. Nach Belieben Eiswürfel hinzugeben.

Heidelbeer-Lavendel-Limonade

Für ca. 1 l Limonade
100 ml Wasser
3 EL heller Rohrohrzucker
4 EL frische Lavendelblüten oder 2 EL getrocknete Lavendelblüten + Lavendelzweige oder -blüten zum Dekorieren
200 g Heidelbeeren
1 Zitrone
700 ml kaltes kohlensäurehaltiges Mineralwasser
Eiswürfel nach Belieben

Zubereitungszeit
35 Minuten

1. Das Wasser mit dem Zucker in einem Topf unter Rühren aufkochen, bis sich der Zucker aufgelöst hat. Die Lavendelblüten in den Zucker-Wasser-Sirup geben. Den Sirup 10 Minuten köcheln lassen. Vom Herd nehmen und abkühlen lassen.
2. Die Heidelbeeren in ein Sieb geben und kurz mit kaltem Wasser abbrausen. Die Beeren in einen hohen Rührbecher geben und mit dem Stabmixer pürieren. Die pürierten Heidelbeeren durch ein feines Sieb gießen, dabei die Flüssigkeit auffangen. Zurückbleibendes Fruchtpüree mit einem Löffelrücken im Sieb fest auspressen.
3. Die Zitrone auspressen. Den Zitronensaft unter den Heidelbeersaft mischen. Den abgekühlten Zucker-Lavendel-Sirup durch ein Sieb gießen und mit dem Fruchtsaft verrühren. Den Saft in eine große Glaskaraffe geben. Mit Mineralwasser auffüllen. Nach Belieben Eiswürfel hineingeben. Mit Lavendelzweigen oder -blüten dekorieren.

Sommerbeeren-Trauben-Limonade

Für ca. 1 l Limonade
ca. 200 g gemischte Beeren (z. B. Johannisbeeren, Heidelbeeren)
750 g dunkle Weintrauben
5 EL Agavendicksaft
4 EL Limettenkonzentrat
500 ml kaltes kohlensäurehaltiges Mineralwasser
2–3 Stängel Minze
1 Bio-Limette

Außerdem
1 Eiswürfelbehälter

Zubereitungszeit
30 Minuten +
2 Stunden gefrieren

1. Die Beeren waschen, putzen und in die Mulden eines Eiswürfelbehälters füllen. Mit Wasser auffüllen und im Gefrierfach ca. 2 Stunden gefrieren.
2. Die Weintrauben waschen und von den Stielen zupfen. In einen hohen Rührbecher geben und mit dem Stabmixer pürieren. Die Flüssigkeit durch ein feines Sieb gießen. Den aufgefangenen Saft mit dem Agavendicksaft und dem Limettenkonzentrat verrühren.
3. Den Saft in eine Glaskaraffe geben und mit Mineralwasser auffüllen. Die Minze waschen, die Blättchen abzupfen und hineingeben. Die Limette heiß waschen, trocken reiben und in Scheiben schneiden. Die Limettenscheiben und die Beeren-Eiswürfel in die Limonade geben.

HIMBEER-ZITRONENMELISSEN-Limonade

Für ca. 1 l Limonade
500 g Himbeeren
4 Stängel Zitronenmelisse
150 ml Wasser
150 g heller Rohrohrzucker
1 Zitrone
500 ml kaltes kohlensäurehaltiges Mineralwasser
Eiswürfel nach Belieben

Zubereitungszeit
25 Minuten +
2 Stunden ziehen lassen

1. Die Himbeeren in ein Sieb geben und kurz mit kaltem Wasser abbrausen. Die Zitronenmelisse waschen. Das Wasser und den Zucker in einem Topf unter Rühren aufkochen, bis sich der Zucker aufgelöst hat. Die Himbeeren und 2 Zitronenmelissen-Stängel hineingeben. Den Topf vom Herd nehmen. Die Masse zugedeckt 2 Stunden ziehen lassen.

2. Die Zitronenmelisse herausnehmen. Die Himbeermasse in einen hohen Rührbecher geben und mit dem Stabmixer pürieren.

3. Die Zitrone auspressen. Die Himbeermasse durch ein feines Sieb streichen, dabei die Flüssigkeit auffangen. Den Saft mit dem Zitronensaft mischen und abkühlen lassen.

4. Den Himbeersaft in eine Glaskaraffe geben und mit Mineralwasser auffüllen. Von der restlichen Zitronenmelisse die Blättchen abzupfen und in die Limonade geben. Nach Belieben Eiswürfel hinzugeben.

JOHANNISBEER-MELONEN-Limonade

Für ca. 750 ml Limonade
½ Galia-Melone
250 g rote Johannisbeeren
1 Zitrone
2–3 EL Agavendicksaft
350 ml kaltes kohlensäurehaltiges Mineralwasser
2 Stängel Minze
Eiswürfel nach Belieben

Zubereitungszeit
30 Minuten

1. Die Melone in Spalten schneiden. Die Spalten schälen, entkernen und in kleine Stücke schneiden. Die Johannisbeeren waschen und von den Stielen streifen. Die Zitrone auspressen.

2. Die Johannisbeeren und die Melonenstücke in einen hohen Rührbecher geben. Mit dem Stabmixer pürieren, bis keine Stückchen mehr zu sehen sind. Die Masse durch ein feines Sieb gießen, dabei die Flüssigkeit auffangen. Den Johannisbeer-Melonen-Saft mit dem Zitronensaft und dem Agavendicksaft verrühren.

3. Den Saft in eine Glaskaraffe geben und mit Mineralwasser auffüllen. Die Minze waschen und trocken schütteln. Die Blättchen von den Stielen zupfen und in die Limonade geben. Nach Belieben Eiswürfel hinzugeben.

TIPP Vor der Verarbeitung die Melone und die Johannisbeeren im Kühlschrank aufbewahren, so sind die Früchte gut durchgekühlt.

Wassermelonen-Limetten-Limonade

Für ca. 1 l Limonade

1 kg Wassermelone
40 ml Zitronen-Direktsaft
2 Bio-Limetten
3 Stängel Minze
2–3 EL Puderzucker
600 ml kaltes kohlensäurehaltiges Mineralwasser
Eiswürfel nach Belieben

Außerdem

1 Stößel (ersatzweise 1 Holzlöffel)

Zubereitungszeit

20 Minuten

1. Die Wassermelone in Spalten schneiden, die Kerne entfernen und das Fruchtfleisch von der Schale trennen.

2. Das Fruchtfleisch in einen hohen Rührbecher geben. Mit dem Stabmixer fein pürieren. Den Saft durch ein feines Sieb gießen, dabei die Flüssigkeit auffangen. Zurückbleibendes Fruchtpüree mit einem Löffelrücken durch das Sieb streichen. Den aufgefangenen Saft mit dem Zitronen-Direktsaft mischen.

3. Die Limetten heiß waschen, trocken reiben und in Scheiben schneiden. Die Minze waschen und trocken schütteln. Von 2 Stängeln die Blättchen abzupfen und klein schneiden. Die Limettenscheiben, die Minze und den Puderzucker in eine kleine Schüssel geben und mit einem Stößel (oder Holzlöffel) kräftig zerdrücken.

4. Die Limetten-Minze-Puderzuckermischung auf 4 Gläser verteilen. Mit Melonensaft und Mineralwasser aufgießen. Vom übrigen Minzestängel die Blättchen abzupfen und in die Limonade geben. Nach Belieben Eiswürfel hinzugeben.

ANANAS-SALBEI-
Limonade

Für ca. 1 l Limonade
400 g frische Ananas
2 Limetten
4 EL Agavendicksaft
120 ml eiskaltes stilles Mineralwasser
12 große Salbeiblätter
500 ml kaltes kohlensäurehaltiges Mineralwasser
Eiswürfel nach Belieben

Zubereitungszeit
30 Minuten

1. Die Ananas putzen und in Scheiben schneiden. Die Schale mit einem Messer abschneiden und alle „Augen" entfernen. Den harten Innenstrunk kreisförmig herausschneiden. Die Ananas in Stücke schneiden und in einen hohen Rührbecher geben.

2. Die Limetten auspressen. Den Limettensaft, den Agavendicksaft und das stille Mineralwasser zur Ananas geben. Die Salbeiblätter waschen. 8 Salbeiblätter hinzufügen, die restlichen Blätter beiseitelegen. Die Ananas mit dem Limettensaft, dem Agavendicksaft, dem Wasser und dem Salbei mit dem Stabmixer fein pürieren.

3. Den Saft in eine Glaskaraffe geben und mit dem kohlensäurehaltigen Mineralwasser mischen. Die übrigen Salbeiblätter in die Limonade geben. Nach Belieben Eiswürfel hineingeben.

Aprikosen-Sternanis-Limonade

Für ca. 1,5 l Limonade
1 kg Aprikosen
3 EL heller Rohrohrzucker
1 Stück Sternanis
1,1 l Wasser
60 ml Zitronen-Direktsaft
800 ml kaltes kohlensäurehaltiges Mineralwasser
Eiswürfel nach Belieben

Außerdem
1 Mulltuch

Zubereitungszeit
35 Minuten +
2 Stunden ziehen lassen

1. Die Aprikosen waschen, halbieren und entkernen. Mit dem Zucker, dem Sternanis und dem Wasser in einen Topf geben. Alles zusammen erhitzen und bei mittlerer Hitze ca. 10–15 Minuten zugedeckt kochen, bis die Aprikosen weich sind. Vom Herd nehmen und 2 Stunden zugedeckt ziehen lassen.

2. Den Sternanis entfernen. Die Masse in einen hohen Rührbecher geben und mit dem Stabmixer fein pürieren. Ein Sieb in eine Schüssel hängen und mit einem Mulltuch auskleiden. Den Aprikosensaft hindurchgießen und abtropfen lassen. Das Tuch an den oberen Ecken zusammennehmen und eindrehen, sodass die restliche Flüssigkeit herausgepresst wird. Den Zitronen-Direktsaft mit einem Schneebesen unter den aufgefangenen Saft rühren.

3. Den Saft in eine Glaskaraffe geben und mit Mineralwasser mischen. Nach Belieben Eiswürfel hinzugeben.

KRÄUTER-
Limonade

Für ca. 1 l Limonade
5 Stängel Basilikum
3 Zweige Rosmarin
5 Zweige Thymian
5 Stängel Zitronenmelisse
10 Salbeiblätter
1 TL Wacholderbeeren
250 ml Apfelsaft
2 EL Honig
1 Zitrone
750 ml kaltes kohlensäurehaltiges Mineralwasser
Eiswürfel nach Belieben

Außerdem
1 Mörser

Zubereitungszeit
30 Minuten +
2 Stunden ziehen lassen

1. Das Basilikum, den Rosmarin, den Thymian, die Zitronenmelisse und den Salbei waschen. Die Wacholderbeeren im Mörser zerstoßen.

2. In einem Topf den Apfelsaft mit dem Honig und den zerstoßenen Wacholderbeeren aufkochen. Die Zitrone auspressen und den Saft hinzugeben. Den Topf vom Herd nehmen.

3. Von den Kräutern je 1 Zweig bzw. 1 Stängel sowie 2 Salbeiblätter beiseitelegen. Die restlichen Kräuter in den Saft legen. Den Sud zugedeckt 2 Stunden ziehen lassen.

4. Den Kräutersud durch ein feines Sieb gießen, dabei den Saft auffangen und in eine Glaskaraffe gießen. Mit Mineralwasser aufgießen. Restliche Kräuterzweige bzw. -stängel und restliche Salbeiblätter in die Limonade geben. Nach Belieben Eiswürfel hineingeben.

Limetten-Caipirinha-Limonade

Für 4 Gläser à 200 ml

4 Bio-Limetten
2 Stängel Minze
8 TL heller oder dunkler Rohrohrzucker
400 g Crushed Ice (Supermarkt)
ca. 400 ml Ginger Ale

Außerdem

Stößel
4 Strohhalme

Zubereitungszeit

15 Minuten

1. Die Limetten heiß waschen, trocken reiben und achteln. Die Fruchtschnitze auf die Gläser verteilen. Die Minze waschen und trocken schütteln. Die Blättchen abzupfen und hinzugeben. Je 2 TL Zucker in die Gläser geben. Die Limetten mit dem Stößel auspressen.

2. Crushed Ice bis ca. zu zwei Dritteln in die Gläser füllen und mit Ginger Ale auffüllen. Mit Strohhalmen servieren.

GURKEN-MATCHA-Limonade

Für 4 Gläser à 200 ml

400 ml Wasser
2 TL Matcha-Pulver (grüner Tee)
1 Salatgurke (ca. 400 g)
4–6 Stängel Minze
2 Limetten
1 Zitrone
4–6 EL flüssiger Honig
Eiswürfel nach Belieben

Zubereitungszeit

20 Minuten + 35 Minuten abkühlen lassen

1. 400 ml Wasser zum Kochen bringen und 1 Minute stehen lassen (bis das Wasser eine Temperatur von etwa 60–70 °C erreicht hat). Das Teepulver in einen hohen Rührbecher geben und mit dem heißen Wasser aufgießen. Mit einem Schneebesen kräftig durchrühren und abkühlen lassen.

2. Die Gurke schälen, in Stücke schneiden und in den Matcha-Tee geben. Die Minze waschen und trocken schütteln. Die Blättchen abzupfen und dazugeben. Die Limetten und die Zitrone auspressen. Den Saft der Zitrusfrüchte hinzufügen. Den Honig dazugeben. Alles zusammen mit dem Stabmixer pürieren.

3. Die Gurken-Matcha-Limonade auf 4 Gläser verteilen. Nach Belieben Eiswürfel hineingeben.

Kumquat-Caipirinha-Limonade

Für 4 Gläser à 200 ml

100 g Kumquats (Zwergorangen)
2 Stängel Basilikum
8 TL heller oder dunkler Rohrohrzucker
400 g Crushed Ice (Supermarkt)
ca. 400 ml Tonic Water

Außerdem

Stößel
4 Strohhalme

Zubereitungszeit

25 Minuten

1. Die Kumquats waschen, trocken reiben und in dünne Scheiben schneiden. Die Scheiben auf die Gläser verteilen. Das Basilikum waschen und trocken schütteln. Die Blättchen abzupfen und hinzugeben. Je 2 TL Zucker in die Gläser geben. Die Kumquats mit dem Stößel zerdrücken.

2. Crushed Ice bis ca. zu zwei Dritteln in die Gläser füllen und mit Tonic Water auffüllen. Mit Strohhalmen servieren.

Fassbrausen & Brausepulver

Fassbrause steht für Erfrischung pur. Bereits 1908 wurde das traditionsreiche Erfrischungsgetränk in Berlin aus Malzextrakt und natürlichen Frucht- und Kräuterzusätzen hergestellt. Ihre Bezeichnung trägt die Fassbrause übrigens, da sie früher tatsächlich glasweise vom Fass gezapft wurde. Ausgehend von dem ursprünglichen Rezept, mixen Brauereien heute alkoholfreies Bier mit verschiedensten Limonaden. Die Biermischgetränke lassen sich aber auch zu Hause mit besten Zutaten ohne künstliche Aromen und Zusätze zaubern: Gemischt mit fruchtigen Sirupen aus Erdbeeren und Rhabarber, feinem Holunder und Pflaume oder aromatischem Ingwer und Zitronengras verspricht das fruchtige Bier mit dem leicht herben und zugleich angenehm süßen Geschmack prickelnden Genuss für jede Jahreszeit. Für die spritzig leichten Fassbrausen lassen sich reife Früchte und frische Kräuter aus dem heimischen Garten bestens verwerten.

Brausepulver Schon im 19. Jahrhundert gab es die erste industriell hergestellte Brause in Pulverform. „Zur Benutzung schüttet man einen gehäuften Teelöffel voll Brausepulver in ein reichlich zur Hälfte mit Wasser gefülltes Glas, rührt einmal um und trinkt möglichst schnell während des Brausens." Viele Jahre später gab es die ersten aromatischen Varianten, die nach Ingwer und Pfefferminze schmeckten. Bis heute kann man Brausepulver meistens nur in fertiger und verpackter Form kaufen, wir kennen sie vor allem mit Waldmeister-, Zitronen- oder Himbeergeschmack. Tatsächlich lässt sich Brausepulver aber auch ganz einfach selber und ganz wunderbar ohne künstliche Aromen herstellen: Mit getrockneten Schalen von Bio-Zitrusfrüchten, Kräutern wie Minze und Rosmarin und Rohrohrzucker. Und damit das Ganze schön prickelt und blubbert, verwendet man bei der Zubereitung Bio-Zitronensäure und Natronpulver. Abgefüllt in Reagenzgläschen oder selbst gebastelten Tütchen ist hausgemachte Brause auch ein tolles, dekoratives Mitbringsel.

WALDMEISTER-
Fassbrause

Für ca. 1 l Sirup

1 Bund Waldmeister (ca. 50 g)
750 ml Wasser
500 g heller Rohrohzucker
100 ml Zitronen-Direktsaft
1 Bio-Zitrone

Zum Servieren

kaltes alkoholfreies Bier

Außerdem

1 750-ml-Flasche aus Glas mit Schraubverschluss

Zubereitungszeit

40 Minuten +
4 Stunden Welkzeit +
3 Tage ziehen lassen

1. Den Waldmeister waschen und trocken schütteln. Die Stängel auf einem Küchentuch ausbreiten und 4 Stunden anwelken lassen. So kann sich das Aroma besser entwickeln.

2. Das Wasser und den Zucker in einem Topf unter Rühren aufkochen, bis sich der Zucker gelöst hat. Vom Herd nehmen. Den Waldmeister waschen und in den Zucker-Wasser-Sirup legen. Den Zitronen-Direktsaft hinzufügen. Die Zitrone heiß waschen und trocken reiben. Die Schale dünn abschälen und den Saft auspressen. Den Saft mit der Schale und den ausgepressten Hälften in den Sirup geben. Abkühlen lassen und zugedeckt 3 Tage im Kühlschrank ziehen lassen.

3. Den Backofen auf 130 °C (Umluft) vorheizen. Die saubere Glasflasche in den Backofen legen und 15 Minuten sterilisieren.

4. Inzwischen den Sud durch ein feines Sieb gießen, dabei die Flüssigkeit auffangen. Mit einem Löffelrücken die Zitronenschalen und -hälften sowie den Waldmeister kräftig im Sieb ausdrücken.

5. Den aufgefangenen Saft zurück in den Topf geben, aufkochen und sofort mithilfe eines Trichters in die heiße Glasflasche gießen. Verschließen und bis zum Verbrauch kühl und dunkel lagern.

6. Den Waldmeister-Sirup nach Geschmack mit alkoholfreiem Bier aufgießen.

Erdbeer-Rhabarber-Fassbrause

Für ca. 1 l Sirup

500 g Erdbeeren

500 g Rhabarber

300 ml Wasser

300 g heller Rohrohrzucker

120 ml Zitronen-Direktsaft

Zum Servieren

kaltes alkoholfreies Bier

Außerdem

1 1-l-Flasche oder

2 500-ml-Flaschen aus Glas

mit Schraubverschluss

Zubereitungszeit

45 Minuten

1. Die Erdbeeren waschen und den Blütenkelch herausdrehen, große Früchte halbieren oder vierteln. Den Rhabarber waschen, putzen, in 5 cm lange Stücke schneiden. In einen Topf geben und mit den Erdbeeren und dem Wasser zum Kochen bringen. Zugedeckt bei mittlerer Hitze in ca. 10 Minuten weich kochen.

2. Den Backofen auf 130 °C (Umluft) vorheizen. Saubere Glasflaschen in den Backofen legen und 15 Minuten sterilisieren.

3. Inzwischen die Erdbeer-Rhabarbermasse pürieren und durch ein feines Sieb gießen. Zurückbleibendes Fruchtpüree mit einem Löffelrücken durch das Sieb streichen. Den aufgefangenen Saft mit dem Zucker und dem Zitronen-Direktsaft in einem Topf aufkochen. Dabei den entstandenen Schaum abnehmen. Den Saft sofort mithilfe eines Trichters in die heißen Glasflaschen gießen. Verschließen und bis zum Verbrauch kühl und dunkel lagern.

4. Die Erdbeer-Rhabarber-Fassbrause nach Geschmack mit alkoholfreiem Bier mischen.

Ingwer-Zitronengras-Fassbrause

Für ca. 1,5 l Sirup

1,1 l Wasser
700 g heller Rohrohrzucker
100 ml Zitronen-Direktsaft
1 Bio-Zitrone
60 g Ingwerwurzel
3 Stängel Zitronengras

Zum Servieren

kaltes alkoholfreies Bier

Außerdem

2 750-ml-Flaschen oder
3 500-ml-Flaschen aus Glas
mit Schraubverschluss

Zubereitungszeit

45 Minuten +
1 Tag ziehen lassen

1. Das Wasser und den Zucker in einem Topf unter Rühren aufkochen, bis sich der Zucker aufgelöst hat. Vom Herd nehmen. Den Zitronen-Direktsaft hinzugeben. Die Zitrone waschen und trocken reiben. Die Schale dünn abschälen und den Saft auspressen. Den Saft mit der Schale und den ausgepressten Hälften in den Zucker-Wasser-Sirup geben. Den Ingwer schälen, auf der Küchenreibe fein reiben und mit der Schale dazugeben. Vom Zitronengras die äußeren, schilfartigen Blätter entfernen und in den Sirup geben. Das weiße Innere hacken und ebenfalls hinzufügen. Abkühlen lassen und zugedeckt über Nacht im Kühlschrank ziehen lassen.

2. Den Backofen auf 130 °C (Umluft) vorheizen. Saubere Glasflaschen in den Backofen legen und 15 Minuten sterilisieren.

3. Inzwischen den Ingwer-Zitronengras-Sud durch ein feines Sieb gießen, dabei die Flüssigkeit auffangen. Mit einem Löffelrücken die Zitronenhälften und die -schale im Sieb gut ausdrücken.

4. Den aufgefangenen Saft zurück in den Topf geben, aufkochen und sofort mithilfe eines Trichters in die heißen Glasflaschen gießen. Verschließen und bis zum Verbrauch kühl und dunkel lagern.

5. Den Ingwer-Zitronengras-Sirup nach Geschmack mit alkoholfreiem Bier mischen.

PEPPERMINT-
Fassbrause

Für ca. 1,5 l Sirup

1,1 l Wasser
700 g heller Rohrohrzucker
10 Stängel Pfefferminze
100 ml Zitronen-Direktsaft
1 Bio-Zitrone

Zum Servieren

kaltes alkoholfreies Bier

Außerdem

2 750-ml-Flaschen oder
3 500-ml-Flaschen aus Glas
mit Schraubverschluss

Zubereitungszeit

40 Minuten +
1 Tag ziehen lassen

1. Das Wasser und den Zucker unter Rühren in einem Topf aufkochen, bis sich der Zucker aufgelöst hat. Vom Herd nehmen. Die Pfefferminze waschen und in den Zucker-Wasser-Sirup legen. Den Zitronen-Direktsaft hinzugeben. Die Zitrone waschen und trocken reiben. Die Schale dünn abschälen und den Saft auspressen. Die Schale mit dem Saft und den ausgepressten Hälften in den Zucker-Wasser-Sirup geben. Die Pfefferminze hinzufügen. Den Sud abkühlen lassen und zugedeckt über Nacht im Kühlschrank ziehen lassen.

2. Den Backofen auf 130 °C (Umluft) vorheizen. Saubere Glasflaschen in den Backofen legen und 15 Minuten sterilisieren.

3. Inzwischen den Sud durch ein feines Sieb gießen, dabei die Flüssigkeit auffangen. Mit einem Löffelrücken die Zitronenhälften und die -schale sowie die Pfefferminze kräftig im Sieb ausdrücken.

4. Den aufgefangenen Saft zurück in den Topf geben, aufkochen und sofort mithilfe eines Trichters in die heißen Glasflaschen gießen. Verschließen und bis zum Verbrauch kühl und dunkel lagern.

6. Den Pfefferminze-Sirup nach Geschmack mit alkoholfreiem Bier mischen.

AUCH LECKER: Der Sirup einet sich auch sehr gut für Limonade. Hierfür einfach den Sirup nach Geschmack mit kaltem kohlensäurehaltigem Mineralwasser aufgießen.

GRAPEFRUIT-MANGO-
Fassbrause

Für ca. 1 l Sirup
600 ml Wasser
300 g heller Rohrohrzucker
1 Bio-Zitrone
2 Bio-Grapefruits
1 Mango

Zum Servieren
kaltes alkoholfreies Bier

Außerdem
1 Mulltuch
1 1-l- Flasche oder
2 500-ml-Flaschen aus Glas
mit Schraubverschluss

Zubereitungszeit
50 Minuten +
1 Tag ziehen lassen

1. Das Wasser und den Zucker unter Rühren in einem Topf aufkochen, bis sich der Zucker aufgelöst hat. Vom Herd nehmen. Die Zitrone und die Grapefruits mit heißem Wasser waschen und trocken reiben. Die Schalen der Früchte möglichst in dünnen langen Spiralen abschälen. Die Zitronen und die Grapefruits auspressen. Den Saft mit der Schale und den ausgepressten Hälften in den Zucker-Wasser-Sirup geben. Die Mango schälen, das Fruchtfleisch bis auf den Kern herunterschneiden und dazugeben. Abkühlen lassen und zugedeckt über Nacht im Kühlschrank ziehen lassen.

2. Den Backofen auf 130 °C (Umluft) vorheizen. Saubere Glasflaschen in den Backofen legen und 15 Minuten sterilisieren.

3. Inzwischen die Schalen und die ausgepressten Zitronen- und Grapefruithälften aus dem Sud nehmen und gut ausdrücken. Den Sud mit dem Mangofruchtfleisch pürieren. Ein feines Sieb in einen Topf hängen und mit einem Mulltuch auskleiden. Den Mango-Grapefruit-Saft hindurchgießen und abtropfen lassen. Das Tuch an den oberen Ecken zusammennehmen und eindrehen, sodass die restliche Flüssigkeit herausgepresst wird.

4. Den aufgefangenen Saft aufkochen. Den Schaum mit einem Schaumlöffel abschöpfen. Den Saft sofort mithilfe eines Trichters in die heißen Glasflaschen gießen. Verschließen und bis zum Verbrauch kühl und dunkel lagern.

5. Den Grapefruit-Mango-Sirup nach Geschmack mit alkoholfreiem Bier aufgießen.

AUCH LECKER: Die Kombination von Grapefruit und Mango ist auch eine ideale Basis für Limonade: Hierfür den Sirup dann nach Geschmack mit kaltem kohlensäurehaltigem Wasser aufgießen.

Cranberry-Orangen-Fassbrause

Für ca. 750 ml Sirup
500 ml Wasser
300 g heller Rohrohrzucker
250 g getrocknete Cranberrys
4 Orangen
100 ml Zitronen-Direktsaft

Zum Servieren
kaltes alkoholfreies Bier

Außerdem
1 Mulltuch
1 750-ml-Flasche aus Glas mit Schraubverschluss

Zubereitungszeit
50 Minuten +
1 Tag ziehen lassen

1. Das Wasser, den Zucker und die Cranberrys in einen Topf geben und unter Rühren aufkochen. Dann zugedeckt ca. 10 Minuten köcheln lassen. Vom Herd nehmen. Die Orangen auspressen und 300 ml Saft abmessen. Den ausgepressten Orangensaft und den Zitronen-Direktsaft hinzufügen. Den Sud abkühlen lassen und zugedeckt über Nacht im Kühlschrank ziehen lassen.

2. Den Backofen auf 130 °C (Umluft) vorheizen. Die saubere Glasflasche in den Backofen legen und 15 Minuten sterilisieren.

3. Inzwischen den Cranberrysud in einen hohen Rührbecher geben und mit dem Stabmixer pürieren. Ein feines Sieb in einen Topf hängen und mit einem Mulltuch auskleiden. Den Cranberrysaft hindurchgießen. Das Tuch an den oberen Ecken zusammennehmen und eindrehen, sodass die restliche Flüssigkeit herausgepresst wird.

4. Den aufgefangenen Saft aufkochen und sofort mithilfe eines Trichters in die heiße Glasflasche gießen. Verschließen und bis zum Verbrauch kühl und dunkel lagern.

5. Den Cranberry-Sirup nach Geschmack mit alkoholfreiem Bier aufgießen.

HOLUNDER-PFLAUMEN-Fassbrause

Für ca. 1 l Sirup
700 g Pflaumen oder Zwetschgen
400 g gezupfte Holunderbeeren
400 ml Wasser
400 g heller Rohrohrzucker
100 ml Zitronen-Direktsaft

Zum Servieren
kaltes alkoholfreies Bier

Außerdem
1 1-l- Flasche oder 2 500-ml-Flaschen aus Glas mit Schraubverschluss

Zubereitungszeit
60 Minuten

1. Die Pflaumen waschen, halbieren und entsteinen. Die Holunderbeeren in ein Sieb geben und mit kaltem Wasser abbrausen.

2. In einem Topf die Pflaumen und die Holunderbeeren mit dem Wasser erhitzen und zugedeckt 8 Minuten köcheln lassen. Die Pflaumen-Holunder-Masse vom Herd nehmen, abkühlen lassen und durch ein feines Sieb gießen. Dabei den Saft auffangen. Die Masse mit einem Löffelrücken im Sieb leicht ausdrücken.

3. Den Backofen auf 130 °C (Umluft) vorheizen. Saubere Glasflaschen in den Backofen legen und 15 Minuten sterilisieren.

4. Inzwischen den Pflaumen-Holunder-Saft mit dem Zucker in einem Topf unter Rühren aufkochen, bis sich der Zucker aufgelöst hat. Den Zitronen-Direktsaft unterrühren. Den Sirup sofort mithilfe eines Trichters in die heißen Glasflaschen gießen. Verschließen und bis zum Verbrauch kühl und dunkel lagern.

5. Den Pflaumen-Holunder-Sirup nach Geschmack mit alkoholfreiem Bier aufgießen.

AUCH LECKER: Der Sirup einet sich auch sehr gut für Limonade. Hierfür einfach den Sirup nach Geschmack mit kaltem kohlensäurehaltigem Mineralwasser aufgießen.

BIRNEN-INGWER-
Fassbrause

Für ca. 1 l Sirup
800 g reife Birnen
600 ml Wasser
40 g Ingwer
8 Stängel Zitronenmelisse
100 ml Zitronen-Direktsaft
500 g heller Rohrohrzucker

Zum Servieren
kaltes alkoholfreies Bier

Außerdem
1 Mulltuch
1 1-l-Flasche oder
2 500-ml-Flaschen aus Glas
mit Schraubverschluss

Zubereitungszeit
35 Minuten +
1 Tag ziehen lassen

1. Die Birnen schälen, in Viertel schneiden und entkernen. Die Viertel in kleine Stücke teilen und mit dem Wasser in einen Topf geben. Den Ingwer schälen, auf der Küchenreibe fein reiben und dazugeben. Die Zitronenmelisse waschen und hinzufügen.

2. Die Birnen-Ingwer-Mischung erhitzen und ca. 5–10 Minuten zugedeckt köcheln lassen, bis die Birnen weich sind. Danach den Zitronen-Direktsaft unterrühren. Die Zitronenmelisse hinzugeben. Abkühlen lassen und über Nacht zugedeckt im Kühlschrank ziehen lassen.

3. Den Backofen auf 130 °C (Umluft) vorheizen. Saubere Glasflaschen in den Backofen legen und 15 Minuten sterilisieren.

4. Inzwischen ein feines Sieb in einen Topf hängen und mit einem Mulltuch auskleiden. Den Birnensaft hindurchgießen. Das Tuch an den oberen Ecken zusammennehmen und eindrehen, sodass die restliche Flüssigkeit herausgepresst wird.

5. Den aufgefangenen Saft mit dem Zucker aufkochen und sofort mithilfe eines Trichters in die heißen Glasflaschen gießen. Verschließen und bis zum Verbrauch kühl und dunkel lagern.

6. Den Birnen-Ingwer-Sirup nach Geschmack mit alkoholfreiem Bier aufgießen.

APFEL-LEMON-
Fassbrause

Für ca. 750 ml Sirup
500 ml Wasser
50 ml Zitronen-Direktsaft
500 g Äpfel
1 Bio-Zitrone
100 g heller Rohrohrzucker

Zum Servieren
kaltes alkoholfreies Bier

Außerdem
1 Mulltuch
1 750-ml-Flasche aus Glas mit Schraubverschluss

Zubereitungszeit
60 Minuten +
1 Tag ziehen lassen

1. Das Wasser in eine Schüssel füllen. Den Zitronen-Direktsaft hinzugeben. Die Äpfel waschen, schälen, vierteln und entkernen. Die Viertel klein schneiden und sofort in die Schüssel geben. Alles mit dem Stabmixer pürieren. Die Zitrone heiß waschen und trocken reiben. Die Schale dünn abschälen und den Saft auspressen. Die Schale mit dem Saft und den ausgepressten Hälften in den Sud geben. Zugedeckt über Nacht im Kühlschrank ziehen lassen.

2. Den Backofen auf 130 °C (Umluft) vorheizen. Die saubere Glasflasche in den Backofen legen und 15 Minuten sterilisieren.

3. Inzwischen ein Sieb in einen Topf hängen und mit einem Mulltuch auskleiden. Den Apfelsaft hindurchgießen. Das Tuch an den oberen Ecken zusammennehmen und eindrehen, sodass die restliche Flüssigkeit herausgepresst wird.

4. Den Saft mit dem Zucker unter Rühren aufkochen, bis sich der Zucker aufgelöst hat. Vom Herd nehmen. Den Sirup sofort mithilfe eines Trichters in die heiße Glasflasche gießen. Verschließen und bis zum Verbrauch kühl und dunkel lagern.

5. Den Apfel-Lemon-Sirup nach Geschmack mit alkoholfreiem Bier aufgießen.

Pfirsich-Maracuja-Fassbrause

Für 0,75 l Sirup

1 kg Pfirsiche
700 ml Maracujasaft
80 ml Zitronensaft
200 g heller Rohrohrzucker

Zum Servieren

kaltes alkoholfreies Bier

Außerdem

1 Mulltuch
1 750-ml-Flasche aus Glas mit Schraubverschluss

Zubereitungszeit

45 Minuten +
1 Tag ziehen lassen

1. Die Pfirsiche waschen, halbieren und den Kern herauslösen. Die Hälften in Stückchen schneiden. Die Pfirsichstückchen und den Maracujasaft in einen Topf geben. Erhitzen und zugedeckt 10–15 Minuten bei schwacher Hitze köcheln lassen. Vom Herd nehmen und den Zitronensaft unterrühren. Die Masse abkühlen lassen und zugedeckt über Nacht im Kühlschrank ziehen lassen.

2. Den Backofen auf 130 °C (Umluft) vorheizen. Die saubere Glasflasche in den Backofen legen und 15 Minuten sterilisieren.

3. Inzwischen ein feines Sieb in einen Topf hängen und mit einem Mulltuch auslegen. Die Pfirsichmasse durch das Sieb gießen. Verbleibende Pfirsichstückchen im Mulltuch mit den Händen ausdrücken.

4. Den aufgefangenen Saft mit dem Zucker in einem Topf unter Rühren aufkochen, bis sich der Zucker aufgelöst hat. Den Saft mithilfe eines Trichters in die heiße Glasflasche gießen. Verschließen und bis zum Verbrauch kühl und dunkel lagern.

5. Den Pfirsich-Maracuja-Sirup nach Geschmack mit alkoholfreiem Bier mischen.

LIMETTEN-
Brause

Für 4 Gläser Brause à 200 ml

4 Bio-Limetten
20 g heller Rohrohrzucker
20 g Bio-Zitronensäure
10 g Natron

Zum Servieren

800 ml kaltes stilles Mineralwasser

Außerdem

1 Mörser
2 Reagenzgläschen mit Stopfen (Bastelgeschäft oder Internet-Versandhandel)

Zubereitungszeit

30 Minuten + 2 Stunden trocknen

1. Die Limetten heiß waschen, trocken reiben und die Schale fein abreiben.

2. Den Backofen auf 60 °C (Umluft) vorheizen. Die abgeriebene Schale auf einem mit Backpapier ausgelegten Backblech verteilen und im Backofen 2 Stunden trocknen. Dabei zwischendurch die Tür öffnen, damit die Feuchtigkeit entweichen kann.

3. Die getrocknete Schale aus dem Backofen nehmen, abkühlen lassen und im Mörser mit dem Zucker zu feinem Pulver mahlen. Das Pulver durch ein feines Sieb schütteln. Mit der Zitronensäure und dem Natron mischen. Das Brausepulver in die Reagenzgläschen füllen und mit dem Stopfen verschließen.

4. Pro Glas 3–4 TL Brausepulver mit 200 ml kaltem stillem Mineralwasser auffüllen und umrühren.

VARIANTE: LIMETTEN-INGWER-BRAUSE 60 g Ingwerwurzel schälen und auf der Küchenreibe fein reiben. Mit der abgeriebenen Schale von 4 Limetten auf dem Backblech im Backofen trocknen. Wie oben im Rezept beschrieben fortfahren.

ORANGEN-
Brause

Für 4 Gläser Brause à 200 ml

2 Bio-Orangen
20 g heller Rohrohrzucker
20 g Bio-Zitronensäure
10 g Natron

Zum Servieren

800 ml kaltes stilles Mineralwasser

Außerdem

1 Mörser
2 Reagenzgläschen mit Stopfen (Bastelgeschäft oder Internet-Versandhandel)

Zubereitungszeit

30 Minuten + 2 Stunden trocknen

1. Die Orangen heiß waschen, trocken reiben und die Schale fein abreiben.

2. Den Backofen auf 60 °C (Umluft) vorheizen. Die abgeriebene Schale auf einem mit Backpapier ausgelegten Backblech verteilen und im Backofen 2 Stunden trocknen. Dabei zwischendurch die Tür öffnen, damit die Feuchtigkeit entweichen kann.

3. Die getrocknete Schale aus dem Backofen nehmen, abkühlen lassen und im Mörser mit dem Zucker zu feinem Pulver mahlen. Das Pulver durch ein feines Sieb schütteln. Mit der Zitronensäure und dem Natron mischen. Das Brausepulver in die Reagenzgläschen füllen und mit dem Stopfen verschließen.

4. Pro Glas 4 TL Brausepulver mit 200 ml kaltem stillem Mineralwasser auffüllen und umrühren.

VARIANTE: ORANGEN-MINZE-BRAUSE 5–6 Zweige Minze waschen und mit Küchenpapier trocken tupfen. Die Blättchen von den Stielen zupfen und zusammen mit der abgeriebenen Schale von 2 Orangen auf dem Backblech im Backofen trocknen. Wie oben im Rezept beschrieben fortfahren.

ZITRONEN-
Brause

Für 4 Gläser Brause à 200 ml

4 Bio-Zitronen
20 g heller Rohrohrzucker
20 g Bio-Zitronensäure
10 g Natron

Zum Servieren

800 ml kaltes stilles Mineralwasser

Außerdem

1 Mörser
2 Reagenzgläschen mit Stopfen (Bastelgeschäft oder Internet-Versandhandel)

Zubereitungszeit

30 Minuten + 2 Stunden trocknen

1. Die Zitronen heiß waschen, trocken reiben und die Schale fein abreiben.

2. Den Backofen auf 60 °C (Umluft) vorheizen. Die abgeriebene Schale auf einem mit Backpapier ausgelegten Backblech verteilen und im Backofen 2 Stunden trocknen. Dabei zwischendurch die Tür öffnen, damit die Feuchtigkeit entweichen kann.

3. Die getrocknete Schale aus dem Backofen nehmen, abkühlen lassen und im Mörser mit dem Zucker zu feinem Pulver mahlen. Das Pulver durch ein feines Sieb schütteln. Mit der Zitronensäure und dem Natron mischen. Das Brausepulver in die Reagenzgläschen füllen und mit dem Stopfen verschließen.

4. Pro Glas 4 TL Brausepulver mit 200 ml kaltem stillem Mineralwasser auffüllen und umrühren.

VARIANTE: ZITRONEN-ROSMARIN-BRAUSE 4–5 Zweige Rosmarin waschen und mit Küchenpapier trocken tupfen. Die Nadeln von den Zweigen zupfen, klein hacken und zusammen mit der abgeriebenen Schale von 4 Zitronen auf dem Backblech im Backofen trocknen. Wie oben im Rezept beschrieben fortfahren.

GRAPEFRUIT-
Brause

Für 4 Gläser Brause à 200 ml

2 Grapefruits
20 g heller Rohrohrzucker
20 g Bio-Zitronensäure
10 g Natron

Zum Servieren

800 ml kaltes stilles Mineralwasser

Außerdem

1 Mörser
2 Reagenzgläschen mit Stopfen (Bastelgeschäft oder Internet-Versandhandel)

Zubereitungszeit

30 Minuten + 2 Stunden trocknen

1. Die Grapefruits heiß waschen, trocken reiben und die Schale fein abreiben.

2. Den Backofen auf 60 °C (Umluft) vorheizen. Die abgeriebene Schale auf einem mit Backpapier ausgelegten Backblech verteilen und im Backofen 2 Stunden trocknen. Dabei zwischendurch die Tür öffnen, damit die Feuchtigkeit entweichen kann.

3. Die getrocknete Schale aus dem Backofen nehmen, abkühlen lassen und im Mörser mit dem Zucker zu feinem Pulver mahlen. Das Pulver durch ein feines Sieb schütteln. Mit der Zitronensäure und dem Natron mischen. Das Brausepulver in die Reagenzgläschen füllen und mit dem Stopfen verschließen.

4. Pro Glas 3–4 TL Brausepulver mit 200 ml kaltem stillem Mineralwasser auffüllen und umrühren.

VARIANTE: GRAPEFRUIT-PINK-PEPPER-BRAUSE

1 TL Rosa Pfefferbeeren mit der getrockneten Schale von 2 Grapefruits und dem Zucker im Mörser fein mahlen. Wie oben im Rezept beschrieben fortfahren.

WEIHNACHTS-
Brause

Für 4 Gläser Brause à 200 ml
1 Bio-Orange
1 Bio-Zitrone
20 g heller Rohrohrzucker
¼ Sternanis
2 Pimentkörner
1 Nelke
⅓ Zimtstange (ca. 2 cm)
1 Kardamomkapsel
20 g Bio-Zitronensäure
10 g Natron

Zum Servieren
800 ml kaltes stilles Mineralwasser

Außerdem
1 Mörser
2 Reagenzgläschen mit Stopfen (Bastelgeschäft oder Internet-Versandhandel)

Zubereitungszeit
30 Minuten + 2 Stunden trocknen

1. Die Zitrone und die Orange heiß waschen, trocken reiben und die Schale fein abreiben.

2. Den Backofen auf 60 °C (Umluft) vorheizen. Die abgeriebene Schale auf einem mit Backpapier ausgelegten Backblech verteilen und im Backofen 2 Stunden trocknen. Dabei zwischendurch die Tür öffnen, damit die Feuchtigkeit entweichen kann.

3. Die getrocknete Schale aus dem Backofen nehmen, abkühlen lassen und im Mörser mit dem Zucker mischen. Sternanis, Pimentkörner, Nelke und Zimtstange dazugeben. Die Kardamomkapsel aufbrechen, die Samen herausnehmen und hinzufügen. Alles zusammen zu einem feinen Pulver mahlen und anschließend durch ein feines Sieb schütteln. Mit der Zitronensäure und dem Natron mischen. Das Brausepulver in die Reagenzgläschen füllen und mit dem Stopfen verschließen.

4. Pro Glas 3–4 TL Brausepulver mit 200 ml kaltem stillem Mineralwasser auffüllen und umrühren.

VARIANTE: WEIHNACHTS-APFEL-BRAUSE Die Weihnachtsbrause statt mit stillem Wasser mit Apfelsaft auffüllen. Für heiße Weihnachts-Apfel-Brause den Apfelsaft vorher erhitzen.

MANDARINEN-
Brause

Für 4 Gläser Brause à 200 ml

4 Bio-Mandarinen
20 g heller Rohrohrzucker
20 g Bio-Zitronensäure
10 g Natron

Zum Servieren

800 ml kaltes stilles Mineralwasser

Außerdem

1 Mörser
2 Reagenzgläschen mit Stopfen (Bastelgeschäft oder Internet-Versandhandel)

Zubereitungszeit

30 Minuten + 2 Stunden trocknen

1. Die Mandarinen heiß waschen, trocken reiben und die Schale fein abreiben.

2. Den Backofen auf 60 °C (Umluft) vorheizen. Die abgeriebene Schale auf einem mit Backpapier ausgelegten Backblech verteilen und im Backofen 2 Stunden trocknen. Dabei zwischendurch die Tür öffnen, damit die Feuchtigkeit entweichen kann.

3. Die getrocknete Schale aus dem Backofen nehmen, abkühlen lassen und im Mörser mit dem Zucker zu feinem Pulver mahlen. Das Pulver durch ein feines Sieb schütteln. Mit der Zitronensäure und dem Natron mischen. Das Brausepulver in die Reagenzgläschen füllen und mit dem Stopfen verschließen.

4. Pro Glas 4 TL Brausepulver mit 200 ml kaltem stillem Mineralwasser auffüllen und umrühren.

VARIANTE: MANDARINEN-STERNANIS-BRAUSE

½ Stück Sternanis (ca. 4 Zacken) mit der getrockneten Schale von 4 Mandarinen und dem Zucker im Mörser fein mahlen. Wie oben im Rezept beschrieben fortfahren.

Spritzgetränke

Die Sonne scheint, die Temperaturen steigen und die Lust auf kalte, erfrischende Drinks steigt. Abkühlung versprechen jedes Jahr aufs Neue prickelnde Sommergetränke wie selbst gemachte Limonaden, köstliche Cocktails oder sommerliche Aperitifs. Ob in einer angesagten Strandbar oder auf der Sommerparty zusammen mit den besten Freunden – seit einigen Jahren sind es vor allem die Spritz-Drinks, die für ein leichtes Prickeln auf der Zunge sorgen. So ist das italienische Kultgetränk Aperol Spritz aus Venetien bei sommerlichen Temperaturen in Europas Innenstädten unterwegs und auch als Veneto oder Venziano bekannt. In der Barszene des deutschsprachigen Raums bahnte sich in letzter Zeit ein neuer Szene-Drink seinen Weg in die deutschen Gläser. „Hugo" heißt das beliebte Getränk, das in Südtirol seine Karriere startete und mit Prosecco, Minze und Holunderblüten auch nördlich der Alpen Fuß fasste. Einzigartige Geschmackserlebnisse versprechen aber auch selbst gemachte Spritz-Getränke mit wertvollen Schätzen aus unseren Gärten: Aus saftigen Früchten, prallen Beeren und duftenden Kräutern lassen sich traditionelle und neue Geschmackideen aufs Beste miteinander kombinieren und eiskalt genießen. Ein Aperitif mit Pfirsich, Lavendel, Sekt und Soda verführt mit tollen Aromen und ist purer Genuss für heiße Tage und laue Sommernächte. Außergewöhnlich duftende Spritz-Kreationen mit rosa Kirschblüten, Ringelblumenblüten oder Fliederblüten vereint mit Zitrus- und Minzearomen sorgen auf jeder Gartenparty nicht nur für die heiß begehrte Erfrischung, sondern auch für reichlich Sommerfeeling. Dekorative Eiswürfel aus pürierten Früchten oder Blüten zieren dabei die hausgemachten Drinks und machen sie zu echten Hinguckern. Spritz, Sprizz oder Sprizetto – selbst gespritzt macht ein Aperitivo mit besten Zutaten aus der Natur den Sommer noch etwas schöner.

FLIEDERBLÜTEN-Spritz

Für ca. 1 l Sirup

5–6 Fliederblütendolden (ca. 100 g)
750 ml Wasser
500 g heller Rohrohrzucker
1 Bio-Zitrone
100 ml Zitronen-Direktsaft

Zum Servieren

kalter Sekt oder Prosecco
Eiswürfel
einige Fliederblüten zum Dekorieren

Außerdem

1 1-l-Flasche oder 2 500-ml-Flaschen aus Glas mit Schraubverschluss

Zubereitungszeit

35 Minuten + 2 Tage ziehen lassen

1. Die Fliederblütendolden vorsichtig ausschütteln und nicht waschen, da sie sonst ihr Aroma verlieren. Die Dolden eventuell von Insekten befreien.

2. Das Wasser mit dem Zucker in einem Topf unter Rühren aufkochen, bis sich der Zucker aufgelöst hat. Vom Herd nehmen. Die Zitrone heiß waschen und trocken reiben. Die Schale dünn abschälen und den Saft auspressen. Den Zitronensaft, die -schale und die ausgepressten Hälften dazugeben. Den Zitronen-Direktsaft hinzugeben. Die Fliederblüten von den Stielen zupfen und in den Sirup legen. Abkühlen lassen und zugedeckt im Kühlschrank 5 Tage ziehen lassen.

3. Den Backofen auf 130 °C (Umluft) vorheizen. Saubere Glasflaschen mit heißem Wasser ausspülen, in den Backofen legen und 15 Minuten sterilisieren.

4. Den Sud durch ein feines Sieb gießen, dabei die Flüssigkeit auffangen. Mit einem Löffelrücken die Zitronenschalen und -hälften sowie die Fliederblüten kräftig ausdrücken.

5. Den aufgefangenen Sud zurück in den Topf geben, aufkochen und sofort mithilfe eines Trichters in die heißen Glasflaschen gießen. Verschließen und bis zum Verbrauch kühl und dunkel lagern.

6. Den Fliederblüten-Sirup nach Geschmack mit Sekt oder Prosecco auffüllen. Eiswürfel hineingeben. Mit einigen Fliederblüten dekorieren.

FLIEDERBLÜTEN-EISWÜRFEL Fliederblüten von den Stielen zupfen und in die Mulden eines Eiswürfelbehälters geben, mit Wasser auffüllen und tiefgefrieren. Blüteneiswürfel nach Bedarf entnehmen und in das Spritzgetränk geben.

Ringelblumenblüten-Orangen-Spritz

Für ca. 750 ml Sirup
500 ml Wasser
200 g heller Rohrohzucker
1 Bio-Orange
50 ml Zitronen-Direktsaft
15 Ringelblumenblüten

Zum Servieren
kalter Sekt oder Prosecco
Eiswürfel
einige Ringelblumenblüten zum Dekorieren

Außerdem
1 750-ml-Flasche aus Glas mit Schraubverschluss

Zubereitungszeit
45 Minuten +
1 Tag ziehen lassen

1. Das Wasser und den Zucker in einem Topf unter Rühren aufkochen, bis sich der Zucker aufgelöst hat. Die Orange heiß waschen und trocken reiben. Die Schale fein abreiben. Die Orange auspressen. Den Saft mit der abgeriebenen Schale, den ausgepressten Hälften und dem Zitronen-Direktsaft in den Zucker-Wasser-Sirup geben. Die Ringelblumenblüten vorsichtig waschen und dazugeben. Den Sud abkühlen lassen und über Nacht zugedeckt im Kühlschrank ziehen lassen.

2. Den Backofen auf 130 °C (Umluft) vorheizen. Die saubere Glasflasche in den Backofen legen und 15 Minuten sterilisieren.

3. Inzwischen den Sud durch ein feines Sieb gießen. Dabei den Saft auffangen. Die Orangenhälften und die Blüten mit einem Löffelrücken kräftig im Sieb ausdrücken.

4. Den aufgefangenen Saft zurück in den Topf geben, aufkochen und sofort mithilfe eines Trichters in die heiße Glasflasche gießen. Verschließen und bis zum Verbrauch kühl und dunkel lagern.

5. Den Orangen-Ringelblumen-Sirup nach Geschmack mit Sekt oder Prosecco auffüllen. Eiswürfel und Ringelblumenblüten hinzugeben.

RINGELBLUMENBLÜTEN-EISWÜRFEL In je 1 Mulde eines Eiswürfelbehälters 1 Ringelblumenblüte geben, mit Wasser auffüllen und tiefgefrieren. Blüteneiswürfel nach Bedarf entnehmen und in das Spritzgetränk geben.

ROSA-KIRSCHBLÜTEN-Spritz

Für ca. 750 ml Sirup
100 g japanische Kirschblüten (ca. 2–3 große Handvoll)
750 ml Wasser
400 g heller Rohrohrzucker
1 Bio-Zitrone
100 ml Zitronen-Direktsaft

Zum Servieren
kalter Sekt oder Prosecco
Eiswürfel
einige Kirschblüten zum Dekorieren

Außerdem
1 750-ml-Flasche aus Glas mit Schraubverschluss

Zubereitungszeit
35 Minuten + 1 Tag ziehen lassen

1. Die Kirschblüten von Insekten befreien und nicht waschen, da sie sonst ihr Aroma verlieren.
2. Das Wasser und den Zucker in einem Topf unter Rühren aufkochen, bis sich der Zucker aufgelöst hat. Vom Herd nehmen. Die Zitrone heiß waschen und trocken reiben. Die Schale dünn abschälen und den Saft auspressen. Den Zitronensaft, die -schale und die ausgepressten Hälften dazugeben. Den Zitronen-Direktsaft und die Blüten hinzugeben. Abkühlen lassen und zugedeckt über Nacht im Kühlschrank ziehen lassen.
3. Den Backofen auf 130 °C (Umluft) vorheizen. Die saubere Glasflasche in den Backofen legen und 15 Minuten sterilisieren.
4. Den Sud durch ein feines Sieb gießen. Dabei die Flüssigkeit auffangen und die zurückbleibende Blütenmasse sowie die Zitronenhälften mit einem Löffelrücken im Sieb ausdrücken.
5. Den Saft zurück in einen Topf geben, aufkochen und sofort mithilfe eines Trichters in die heiße Glasflasche gießen. Verschließen und bis zum Verbrauch kühl und dunkel lagern.
6. Den Kirschblüten-Sirup nach Geschmack mit Sekt oder Prosecco auffüllen. Eiswürfel hineingeben. Mit einigen Kirschblüten dekorieren.

TIPP Anstelle der japanischen Kirschblüten kann man auch weiße Kirschblüten nehmen. Sie zeichnen sich jedoch durch einen herberen Geschmack aus.

HUGO

Für 4 Weingläser à ca. 200 ml
1–1 ½ Bio-Limetten
8 Stängel frische Minze
8 cl Holunderblütensirup
(Rezept S. 29)
600 ml kalter Sekt oder
Prosecco
ca. 100–120 ml kaltes
kohlensäurehaltiges
Mineralwasser
Eiswürfel

Außerdem
1 Mörser

Zubereitungszeit
15 Minuten

1. Die Limette(n) waschen, trocken reiben und in Achtel schneiden. Die Achtel über den Gläsern auspressen. Die Schalen der ausgepressten Limettenachtel in die Gläser geben.
2. Die Minze waschen und trocken schütteln. Die Blättchen abzupfen, in einem Mörser leicht andrücken und ebenfalls in die Gläser geben. Den Holunderblütensirup hinzufügen. Mit Sekt oder Prosecco und Mineralwasser auffüllen. Eiswürfel hinzugeben.

LECKER IM WINTER: HEISSER HUGO Für 4 hitzebeständige Gläser à ca. 250 ml: 750 ml trockenen Weißwein und 250 ml Holunderblütensirup (Rezept S. 29) in einen Topf geben. 1 Bio-Limette waschen und trocken reiben. Die Schale abreiben und hinzufügen. Den Saft auspressen und ebenfalls dazugeben. Alles zusammen erhitzen. Nicht kochen, da sonst der Alkohol entweicht. Die Wein-Holunderblüten-Mischung in die Gläser füllen. 8 Stängel Minze waschen und trocken schütteln. Die Blättchen abzupfen und auf die Gläser verteilen. Heiß servieren.

ERDBEER-MINZE-Spritz

Für ca. 1 l Sirup
900 g Erdbeeren
300 g heller Rohrohrzucker
300 ml Wasser
120 ml Zitronen-Direktsaft

Zum Servieren
einige Stängel frische Minze
kalter Sekt oder Prosecco
Eiswürfel

Außerdem
1 1-l-Flasche oder
2 500-ml-Flaschen aus Glas
mit Schraubverschluss

Zubereitungszeit
45 Minuten +
1 Tag ziehen lassen

1. Die Erdbeeren waschen und den Blütenkelch herausdrehen. Anschließend die Erdbeeren vierteln. In einer Schüssel die Erdbeeren mit dem Zucker mischen. Das Wasser und den Zitronen-Direktsaft unterrühren. Abkühlen lassen und zugedeckt über Nacht im Kühlschrank ziehen lassen.

2. Den Backofen auf 130 °C (Umluft) vorheizen. Saubere Glasflaschen in den Backofen legen und 15 Minuten sterilisieren.

3. Inzwischen die Erdbeeren pürieren und durch ein feines Sieb gießen. Zurückbleibendes Fruchtpüree mit einem Löffelrücken durch das Sieb streichen.

4. Den aufgefangenen Saft in einem Topf aufkochen und sofort mithilfe eines Trichters in die heißen Glasflaschen gießen. Verschließen und bis zum Verbrauch kühl und dunkel lagern.

5. Die Minze waschen, trocken schütteln und die Blättchen von den Stielen zupfen. Den Erdbeer-Sirup nach Geschmack mit Sekt oder Prosecco auffüllen. Eiswürfel und Minzeblättchen hinzufügen.

TIPP Noch aromatischer schmeckt es, wenn man zusätzlich geviertelte Erdbeeren in die Gläser gibt.

HIMBEER-ORANGEN-Spritz

Für 8 Gläser à ca. 200 ml

125 g Himbeeren
125 ml Orangensaft
3 EL Puderzucker
4 Stängel Minze
1 ½ Bio-Limetten
600 ml kalter Sekt oder Prosecco
ca. 100–120 ml kaltes kohlensäurehaltiges Mineralwasser

Außerdem

1 Eiswürfelbehälter mit 8 Mulden

Zubereitungszeit

25 Minuten

1. Die Himbeeren in ein Sieb geben, kurz mit kaltem Wasser abbrausen und mit dem Orangensaft in einen hohen Rührbecher geben. Mit dem Stabmixer fein pürieren. Den Saft durch ein feines Sieb gießen, dabei die Flüssigkeit auffangen. Zurückbleibendes Fruchtpüree mit einem Löffelrücken durch das Sieb streichen.

2. Den aufgefangenen Saft mit dem Puderzucker verrühren. Den Himbeer-Orangensaft in einen Eiswürfelbehälter geben. Im Gefrierschrank ca. 2 Stunden gefrieren lassen.

3. Die Minze waschen, trocken schütteln und die Blättchen abzupfen. Die Limetten waschen, trocken reiben und in Achtel schneiden. Die Achtel über den Gläsern auspressen. Die Schalen der ausgepressten Limettenachtel in die Gläser geben.

4. Mit Sekt oder Prosecco und Mineralwasser auffüllen. Die Himbeer-Orangen-Eiswürfel auf die Gläser verteilen. Mit Minzeblättchen dekorieren.

GRANATAPFEL-TRAUBEN-Spritz

Für ca. 1 l Sirup
600 g helle Weintrauben
250 ml Wasser
200 g heller Rohrohrzucker
50 ml Zitronen-Direktsaft

Zum Servieren
1 Granatapfel
kalter (Rosé-)Sekt oder Prosecco
einige Stängel Minze
Eiswürfel

Außerdem
1 1-l-Flasche oder 2 500-ml-Flaschen aus Glas mit Schraubverschluss

Zubereitungszeit
30 Minuten + abkühlen lassen

1. Den Backofen auf 130 °C (Umluft) vorheizen. Saubere Glasflaschen in den Backofen legen und 15 Minuten sterilisieren.

2. Die Weintrauben waschen und von den Stielen zupfen. Die Trauben und das Wasser in einen hohen Rührbecher geben und mit dem Stabmixer pürieren. Die Flüssigkeit durch ein feines Sieb gießen. Zurückbleibendes Fruchtpüree mit einem Löffelrücken durch ein eines Sieb streichen.

3. Inzwischen den aufgefangenen Saft und den Zucker in einen Topf geben und unter Rühren aufkochen, bis sich der Zucker aufgelöst hat. Den Zitronen-Direktsaft unterrühren.

3. Den Saft sofort mithilfe eines Trichters in die heißen Glasflaschen gießen. Verschließen und bis zum Verbrauch kühl und dunkel lagern.

4. Den Granatapfel halbieren und die Kerne mit einem Teelöffel herauslösen. Den Trauben-Sirup nach Geschmack mit (Rosé-)Sekt oder Prosecco auffüllen. Die Granatapfelkerne hinzugeben (die Kerne eines Granatapfels reichen für ca. 6–8 Gläser). Die Minze waschen und trocken schütteln. Die Blättchen abzupfen und mit den Eiswürfeln hinzugeben.

AUCH SCHÖN: Statt mit Granatapfelkernen den Spritz mit Himbeeren zubereiten: Hierfür in je 1 Mulde eines Eiswürfelbehälters 1 Himbeere geben, mit Wasser auffüllen und tiefgefrieren. Die Eiswürfel nach Bedarf entnehmen und in die Gläser geben.

GRAPEFRUIT-BASILIKUM-Spritz

Für ca. 1 l Sirup
600 ml Wasser
300 g Zucker
20 große Basilikumblätter
2 Bio-Zitronen
2 Bio-Grapefruits

Zum Servieren
kalter Sekt oder Prosecco
einige Basilikumblättchen zum Dekorieren
Eiswürfel

Außerdem
1 1-l-Flasche oder
2 500 ml-Flaschen aus Glas mit Schraubverschluss

Zubereitungszeit
60 Minuten +
1 Tag ziehen lassen

1. Das Wasser und den Zucker unter Rühren in einem Topf aufkochen, bis sich der Zucker aufgelöst hat. Vom Herd nehmen. Die Basilikumblätter waschen und in den Zucker-Wasser-Sirup legen. Die Zitrone und die Grapefruits mit heißem Wasser waschen und trocken reiben. Die Schalen der Früchte dünn abschälen. Die Zitronen und die Grapefruits auspressen. Den Saft mit der Schale und den ausgepressten Hälften in den Zucker-Wasser-Sirup geben. Abkühlen lassen und über Nacht zugedeckt im Kühlschrank ziehen lassen.

2. Den Backofen auf 130 °C (Umluft) vorheizen. Saubere Glasflaschen in den Backofen legen und 15 Minuten sterilisieren.

3. Den Grapefruit-Sud durch ein feines Sieb gießen. Dabei den Saft auffangen. Die Grapefruit- und Zitronenhälften kräftig mit einem Löffelrücken im Sieb ausdrücken.

4. Den aufgefangenen Saft zurück in den Topf geben, aufkochen und sofort mithilfe eines Trichters in die heißen Glasflaschen gießen. Verschließen und bis zum Verbrauch kühl und dunkel lagern.

5. Den Grapefruit-Basilikum-Sirup nach Geschmack mit Sekt oder Prosecco auffüllen. Einige Basilikumblättchen und Eiswürfel hineingeben.

BROMBEER-LEMON-Spritz

Für ca. 750 ml Sirup

600 ml Wasser
300 g heller Rohrohrzucker
2 Bio-Zitronen
50 ml Zitronen-Direktsaft
300 g Brombeeren
2 Gewürznelken
1 Zimtstange

Zum Servieren

kalter Sekt oder Prosecco
einige Stängel Zitronenmelisse
Eiswürfel

Außerdem

1 1-l-Flasche oder
2 500-ml-Flaschen aus Glas
mit Schraubverschluss

Zubereitungszeit

35 Minuten +
1 Tag ziehen lassen

1. Das Wasser und den Zucker in einem Topf unter Rühren zum Kochen bringen, bis sich der Zucker aufgelöst hat. Die Zitronen heiß waschen und trocken reiben. Die Schale in möglichst dünnen, langen Spiralen abschälen. Die Zitronen auspressen. Den Saft mit der Schale, den ausgepressten Hälften und dem Zitronen-Direktsaft in den Zucker-Wasser-Sirup geben. Die Brombeeren in ein Sieb geben, mit kaltem Wasser abbrausen und dazugeben. Die Nelken und die Zimtstange hinzugeben. Alles zusammen zugedeckt 5 Minuten köcheln lassen. Vom Herd nehmen, abkühlen lassen und zugedeckt über Nacht ziehen lassen.

2. Die Zimtstange und die Zitronenschalen und -hälften aus dem Sud nehmen. Den Sud durch ein feines Sieb gießen, dabei die Flüssigkeit auffangen. Die Brombeeren mit einem Löffelrücken im Sieb gut ausdrücken.

3. Den aufgefangenen Saft zurück in den Topf geben, aufkochen und sofort mithilfe eines Trichters in die heißen Glasflaschen gießen. Verschließen und bis zum Verbrauch kühl und dunkel lagern.

4. Den Brombeer-Sirup nach Geschmack mit Sekt oder Prosecco auffüllen. Die Zitronenmelisse waschen und trocken schütteln. Die Blättchen abzupfen und mit den Eiswürfeln dazugeben.

STACHELBEER-
Spritz

Für 750 ml Sirup

1 kg Stachelbeeren
1,2 l Wasser
1 Bio-Zitrone
3 Gewürznelken
400 g heller Rohrohrzucker

Zum Servieren

kalter Sekt oder Prosecco
Eiswürfel

Außerdem

1 750-ml-Flasche aus Glas mit Schraubverschluss

Zubereitungszeit

60 Minuten +
1 Tag ziehen lassen

1. Die Stachelbeeren waschen und entstielen. In einem Topf 1,2 l Wasser zum Kochen bringen. Vom Herd nehmen und die Stachelbeeren hineingeben. Die Zitrone heiß waschen und trocken reiben. Die Schale abschälen und den Saft auspressen. Den Saft mit der Schale und den ausgepressten Hälften sowie den Gewürznelken zu den Stachelbeeren geben. Abkühlen lassen und zugedeckt im Kühlschrank über Nacht ziehen lassen.

2. Den Backofen auf 130 °C (Umluft) vorheizen. Die saubere Glasflasche mit heißem Wasser ausspülen, in den Backofen legen und 15 Minuten sterilisieren.

3. Den Stachelbeer-Sud erhitzen und durch ein feines Sieb gießen, dabei die Flüssigkeit auffangen. Die Beeren mit einem Löffelrücken im Sieb ausdrücken.

4. Den aufgefangenen Saft zurück in den Topf geben. Mit dem Zucker unter Rühren aufkochen, bis sich der Zucker aufgelöst hat. Den Sirup sofort mithilfe eines Trichters in die heiße Glasflasche gießen. Verschließen und bis zum Verbrauch kühl und dunkel lagern.

5. Den Stachelbeer-Sirup nach Geschmack mit Sekt oder Prosecco auffüllen. Eiswürfel dazugeben.

TIPP Anstelle von hellem Sekt oder Prosecco kann der Stachelbeersirup auch mit Rosé-Sekt aufgegossen werden.

BLAUBEER-CASSIS-Spritz

Für ca. 1 l Sirup
600 ml Wasser
300 g heller Rohrohrzucker
3 Bio-Zitronen
300 g Heidelbeeren

Zum Servieren
Cassislikör (1–2 cl pro 0,1-l-Glas)
kalter Sekt oder Prosecco
einige Stängel Minze
Eiswürfel

Außerdem
1 1-l-Flasche oder
2 500-ml-Flaschen aus Glas mit
Schraubverschluss

Zubereitungszeit
35 Minuten +
2 Stunden ziehen lassen

1. Das Wasser und den Zucker in einem Topf unter Rühren zum Kochen bringen, bis sich der Zucker aufgelöst hat. Die Zitronen heiß waschen und trocken reiben. Die Schale in möglichst dünnen, langen Spiralen abschälen. Die Zitronen auspressen. Den Saft mit der Schale und den ausgepressten Hälften in den Zucker-Wasser-Sirup geben. Die Heidelbeeren in ein Sieb geben, kurz mit kaltem Wasser abbrausen und dazugeben. Alles zusammen zugedeckt 5 Minuten köcheln lassen. Vom Herd nehmen, abkühlen lassen und zugedeckt 2 Stunden ziehen lassen.

2. Die Zitronenschalen und die -hälften aus dem Sud nehmen. Den Sud in einen hohen Rührbecher geben und mit dem Stabmixer pürieren. Den Saft durch ein feines Sieb gießen, dabei die Flüssigkeit auffangen. Zurückbleibendes Fruchtpüree mit einem Löffelrücken im Sieb ausdrücken.

3. Den aufgefangenen Saft zurück in den Topf geben, aufkochen und sofort mithilfe eines Trichters in die heißen Glasflaschen gießen. Verschließen und bis zum Verbrauch kühl und dunkel lagern.

4. Den Blaubeer-Sirup nach Geschmack mit Cassislikör sowie mit Sekt oder Prosecco auffüllen. Die Minze waschen und trocken schütteln. Die Blättchen abzupfen und mit den Eiswürfeln dazugeben.

PFIRSICH-LAVENDEL-Spritz

Für ca. 750 ml Sirup

1 kg Pfirsiche
2 EL frische Lavendelblüten oder 1 EL getrocknete Lavendelblüten
500 ml Wasser
80 ml Zitronen-Direktsaft
250 g heller Rohrohrzucker

Zum Servieren

kalter Sekt oder Prosecco
Eiswürfel
einige Lavendelzweige oder -blüten zum Dekorieren

Außerdem

1 Mulltuch
1 750 ml-Flasche aus Glas mit Schraubverschluss

Zubereitungszeit

45 Minuten + 1 Tag ziehen lassen

1. Die Pfirsiche waschen, halbieren und den Kern herauslösen. Die Hälften in Stückchen schneiden. Die Pfirsichstückchen, die Lavendelblüten und das Wasser in einen Topf geben. Alles zusammen erhitzen und zugedeckt 10–15 Minuten bei schwacher Hitze köcheln lassen. Vom Herd nehmen und den Zitronen-Direktsaft unterrühren. Die Masse abkühlen lassen und zugedeckt über Nacht im Kühlschrank ziehen lassen.

2. Den Backofen auf 130 °C (Umluft) vorheizen. Die saubere Glasflasche in den Backofen legen und 15 Minuten sterilisieren.

3. Inzwischen ein feines Sieb in einen Topf hängen und mit einem Mulltuch auskleiden. Die Pfirsichmasse hindurchgießen. Das Tuch an den oberen Ecken zusammennehmen und eindrehen, sodass die restliche Flüssigkeit herausgepresst wird.

4. Den aufgefangenen Saft mit dem Zucker unter Rühren aufkochen, bis sich der Zucker aufgelöst hat. Den Saft sofort mithilfe eines Trichters in die heiße Glasflasche gießen. Verschließen und bis zum Verbrauch kühl und dunkel lagern.

5. Den Pfirsich-Lavendel-Sirup nach Geschmack mit Sekt oder Prosecco auffüllen. Eiswürfel hinzugeben. Mit Lavendelzweigen oder-blüten dekorieren.

ZITRUS-MINZE-Spritz

Für ca. 750 ml Sirup

500 ml Wasser
300 g heller Rohrohrzucker
2 Bio-Orangen
2 Bio-Limetten
1 Bio-Zitrone
1 Bio-Grapefruit
6 Stängel Minze

Zum Servieren

kalter Sekt oder Prosecco
Eiswürfel

Außerdem

1-l-Flasche oder
2 500-ml-Flaschen aus Glas
mit Schraubverschluss

Zubereitungszeit

60 Minuten +
1 Tag ziehen lassen

1. Das Wasser und den Zucker in einem Topf unter Rühren aufkochen, bis sich der Zucker aufgelöst hat. Vom Herd nehmen. Die Zitrusfrüchte heiß waschen und trocken reiben. Die Schale der Früchte dünn abschälen. Den Saft auspressen und mit der Schale und den ausgepressten Hälften in den Zucker-Wasser-Sirup geben. Die Minze waschen und in den Sud geben. Abkühlen lassen und zugedeckt über Nacht im Kühlschrank ziehen lassen.

2. Den Backofen auf 130 °C (Umluft) vorheizen. Saubere Glasflaschen in den Backofen legen und 15 Minuten sterilisieren.

3. Inzwischen den Zitrusfrüchte-Sud durch ein feines Sieb gießen, dabei die Flüssigkeit auffangen. Die Zitrushälften und -schale kräftig mit einem Löffelrücken im Sieb ausdrücken.

4. Den aufgefangenen Saft zurück in den Topf geben, aufkochen und sofort mithilfe eines Trichters in die heißen Glasflaschen gießen. Verschließen und bis zum Verbrauch kühl und dunkel lagern.

5. Den Zitrus-Sirup nach Geschmack mit Sekt oder Prosecco auffüllen. Eiswürfel hinzugeben.

Kumquat-Orangen-Spritz

Für ca. 1 l Sirup
500 g Kumquats (Zwergorangen)
4 Orangen
500 ml Wasser
400 g heller Rohrohrzucker
100 ml Zitronen-Direktsaft

Zum Servieren
Orangenlikör (1–2 cl pro 0,1-l-Glas)
kalter Sekt oder Prosecco
einige Stängel Zitronenmelisse
Eiswürfel

Außerdem
1 1-l-Flasche oder 2 500-ml-Flaschen aus Glas mit Schraubverschluss

Zubereitungszeit
60 Minuten + 1 Tag ziehen lassen

1. Die Kumquats heiß waschen, trocken reiben und in dünne Scheiben schneiden. Die Orangen auspressen und 300 ml Saft abmessen.

2. Das Wasser, den Zucker und die Kumquatscheiben in einen Topf geben und aufkochen. Dann zugedeckt ca. 10 Minuten köcheln lassen. Vom Herd nehmen. Den ausgepressten Orangensaft und den Zitronen-Direktsaft hinzufügen. Den Sud abkühlen lassen und zugedeckt über Nacht im Kühlschrank ziehen lassen.

3. Den Backofen auf 130 °C (Umluft) vorheizen. Saubere Glasflaschen in den Backofen legen und 15 Minuten sterilisieren.

4. Inzwischen den Kumquatsud in einen hohen Rührbecher geben und mit dem Stabmixer pürieren. Die Flüssigkeit mit einem Schneebesen gut durchrühren und durch ein feines Sieb gießen, dabei zurückbleibendes Fruchtpüree mit einem Löffelrücken durch das Sieb streichen.

5. Den aufgefangenen Saft zurück in den Topf geben, aufkochen und sofort mithilfe eines Trichters in die heißen Glasflaschen gießen. Verschließen und bis zum Verbrauch kühl und dunkel lagern.

6. Den Kumquat-Orangen-Sirup nach Geschmack mit Orangenlikör mischen. Mit Sekt oder Prosecco auffüllen. Die Zitronenmelisse waschen und trocken schütteln. Die Blättchen abzupfen und mit den Eiswürfeln dazugeben.

Rosenblüten-Spritz

Für ca. 750 ml Sirup
40 g Rosenblütenblätter
600 ml Wasser
400 g heller Rohrohrzucker
1 Bio-Zitrone
50 ml Zitronen-Direktsaft

Zum Servieren
kalter Sekt oder Prosecco
Eiswürfel
Rosenblüten zum Dekorieren

Außerdem
1 750-ml-Flasche aus Glas mit Schraubverschluss

Zubereitungszeit
35 Minuten +
3 Tage ziehen lassen

1. Die Rosenblüten eventuell von Insekten befreien und nicht waschen, da sie sonst ihr Aroma verlieren. Das Wasser und den Zucker in einem Topf unter Rühren aufkochen, bis sich der Zucker aufgelöst hat. Vom Herd nehmen.

2. Die Zitrone heiß waschen und trocken reiben. Die Schale dünn abschälen. Den Saft auspressen und mit der Schale und den ausgepressten Hälften in den Zucker-Wasser-Sirup legen. Den Zitronen-Direktsaft hinzugeben. Die Blüten in den Zucker-Wasser-Sirup legen. Den Sud abkühlen lassen und zugedeckt 3 Tage im Kühlschrank ziehen lassen.

3. Den Backofen auf 130 °C (Umluft) vorheizen. Die saubere Glasflasche in den Backofen legen und 15 Minuten sterilisieren.

4. Inzwischen den Rosenblütensud durch ein feines Sieb gießen, dabei die Zitrushälften kräftig mit einem Löffelrücken im Sieb ausdrücken.

5. Den aufgefangenen Saft zurück in den Topf geben, aufkochen und sofort mithilfe eines Trichters in die heiße Glasflasche gießen. Verschließen und bis zum Verbrauch kühl und dunkel lagern.

6. Den Rosenblüten-Sirup nach Geschmack mit Sekt oder Prosecco auffüllen. Eiswürfel hineingeben. Mit einigen Rosenblüten dekorieren.

Etiketten zum Kopieren

Sie finden die Etiketten zum Download unter
www.thorbecke.de/download/978-3-7995-1025-7

Register

Bildnachweis

Die Fotos stammen von Chandima Soysa, Stuttgart.

Die Autorin

Hildegard Möller lebt in Münster und war nach ihrem Studium Inhaberin und Küchenchefin zweier Gastronomiebetriebe. Seit einigen Jahren setzt die Ökotrophologin ihr kreatives Handwerk am Schreibtisch fort. Als Kochbuchautorin und Food-Journalistin schreibt und kocht sie mit Leidenschaft für verschiedene Verlage und Zeitungen. Zu Hause experimentiert sie gerne mit Produkten aus ihrem eigenen Garten, wo von Apfel bis Zitronenmelisse alles wächst.